Amo
a Mulher
que Sou

Dados Internacionais de Catalogação na Publicação (CIP)
(Câmara Brasileira do Livro, SP, Brasil)

Jarosch, Linda
  Amo a mulher que sou / Linda Jarosch ; tradução Nélio Schneider. – Petrópolis, RJ : Vozes, 2023.

  Título original: Ich Liebe Die Frau, Die Ich Bin
  ISBN 978-65-5713-772-7

  1. Cristianismo 2. Mulheres – Aspectos religiosos 3. Teologia I. Schneider, Nélio. II. Título.

22-128238   CDD-270.082

Índices para catálogo sistemático:
1. Mulheres : Aspectos religiosos : Cristianismo
270.082

Aline Graziele Benitez – Bibliotecária – CRB-1/3129

LINDA JAROSCH

Amo a Mulher que Sou

Tradução de Nélio Schneider

EDITORA VOZES

Petrópolis

© 2020 Vier-Türme GmbH, Verlag, Münsterschwarzach.

Tradução realizada a partir do original em alemão intitulado *Ich Liebe Die Frau, Die Ich Bin.*

Direitos de publicação em língua portuguesa – Brasil:
2023, Editora Vozes Ltda.
Rua Frei Luís, 100
25689-900 Petrópolis, RJ
www.vozes.com.br
Brasil

Todos os direitos reservados. Nenhuma parte desta obra poderá ser reproduzida ou transmitida por qualquer forma e/ou quaisquer meios (eletrônico ou mecânico, incluindo fotocópia e gravação) ou arquivada em qualquer sistema ou banco de dados sem permissão escrita da editora.

CONSELHO EDITORIAL

Diretor
Gilberto Gonçalves Garcia

Editores
Aline dos Santos Carneiro
Edrian Josué Pasini
Marilac Loraine Oleniki
Welder Lancieri Marchini

Conselheiros
Elói Dionísio Piva
Francisco Morás
Ludovico Garmus
Teobaldo Heidemann
Volney J. Berkenbrock

Secretário executivo
Leonardo A.R.T. dos Santos

Editoração: Maria da Conceição B. de Sousa
Diagramação: Sheilandre Desenv. Gráfico
Revisão gráfica: Alessandra Karl
Capa: Felipe Souza | Aspectos

ISBN 978-65-5713-772-7 (Brasil)
ISBN 978-3-7365-0321-2 (Alemanha)

Este livro foi composto e impresso pela Editora Vozes Ltda.

Sumário

Introdução, 7

O que nos marcou, 15
A formação de Maria Madalena – sua influência sobre nós hoje, 20

O que não está livre em nós, 25
A mulher magoada, 28
A mulher depreciada, 32
A mulher cheia de culpa, 36
A mulher invejosa, 40
A mulher perfeita, 44
A mulher insatisfeita, 48
A mulher que não deseja nada para si, 50
Primeiro passo rumo à libertação: dar nome ao demônio, 52

Como é a libertação?, 55
O encontro que curou Maria Madalena, 56
O que nos cura?, 59
    Afeição, 59
    Aceitação, 61
    Empatia, 63
    Libertação de complexos, 68

Ser livre nas relações, 72
Ser livre com outras mulheres, 83
Libertação do rigor, 92
Os mandamentos interiores, 94
"Eu devo!", 94
"Não me é permitido!", 98
"Não posso!", 102

Recair em padrões antigos, 109

Dar meia-volta como caminho novo, 125
Dar meia-volta deixando de fazer-se de vítima, 127
Como achar esse caminho?, 127
O autoconhecimento nos ajuda, 129
Soltar como forma de pôr-se a caminho, 133
Superar-nos, 136
Deixar de se fazer de vítima, 137
Responsabilidade em vez de vitimização, 139
O dar meia-volta de Maria Madalena, 143
Dar meia-volta e conhecer, 147
Permitir a transformação, 152
Trilhar um caminho próprio, 156

Tomar conhecimento da mensagem para a minha vida, 161
A mensagem em nossas relações, 166
Minha feminilidade – minha mensagem, 169

Perspectiva, 175

Posfácio, 181

Bibliografia para se aprofundar no tema, 183

Introdução

"A transformação do mundo partirá das mulheres" – esta frase notável me foi dita há muitos anos por um homem sábio. Ele sabia da força e do saber das mulheres. Ele acreditava na coragem e na cordialidade delas. Mas será que nós mesmas acreditamos nisso?

Embora tenhamos conquistado tantas liberdades para nós, somos bem menos livres no trato conosco mesmas. Muitas vezes somos rigorosas em relação a nós. Tendemos a nos condenar por comportamentos e ocorrências que necessitariam de nossa bondade. Quantas vezes carregamos sentimentos de culpa que não têm nada a ver com culpa real? E com que facilidade invejamos ou admiramos os talentos de outros, em vez de nos alegrarmos com os nossos? Rejeitamos até as debilidades que nos tornam simpáticas, e o fazemos de uma maneira nada gentil. Sentimo-nos indignas de ser amadas. A mulher autocrítica em nós costuma ser mais forte do que a mulher cordial. Falta-nos leveza e suavidade. Podemos mudar isso.

Para viver com mais consciência a grandeza feminina e sua cordialidade necessitamos de imagens de mulheres experientes, modelos que mostrem um caminho para nós. Antigamente se adoravam divindades femininas que representavam para as mulheres a variedade de suas energias vitais. Essas divindades não foram poupadas pelo destino, mas exatamente desse modo chegaram ao máximo de suas energias. Foi o que as alçou ao âmbito do divino.

A reverência a essas deusas há muito desapareceu do nosso cotidiano. Porém, o que permaneceu foi a importância das mulheres sapientes e maduras como orientação para nós. Sempre estivemos em busca de pioneiras que nos precederam e ainda hoje nos transmitem uma noção de como podemos ser bem-sucedidas em nosso caminho para obter mais amor e mais força.

Uma dessas mulheres é Maria Madalena, que na Bíblia é símbolo de uma grande capacidade de amar. Não é preciso ter mentalidade religiosa para ser tocado por sua força. Ela corporifica as experiências antiquíssimas de mulheres que encontraram o caminho que as levou das experiências cheias de sofrimento até à liberdade interior e ao amor que nós também ansiamos encontrar.

Imagens de mulheres da Bíblia ou de algum conto são sempre atemporais. Nelas sempre se mostra o mesmo caminho: no início da história está o conflito em que se encontram essas mulheres. É um conflito que conhecemos, pois ele se repete em todas as épocas: um conflito relacional conosco e com outros. Em seguida, é apontado o caminho para o amadurecimento que deveríamos percorrer, e no final está a solução. Essa solução representa sempre um conhecimento, uma noção de como podemos prosseguir no nosso caminho de modo mais livre e mais amoroso.

Maria Madalena foi apresentada como mulher com grande capacidade de amar em uma época de formas sociais patriarcais extremas. As estruturas dominantes de poder tinham cunhado seu entorno, as famílias com uma imagem social bem determinada das mulheres. Nessa imagem não estava prevista a liberdade de decidir a respeito de si mesmas. A expressão de vida das mulheres era cerceada e menosprezada. Foi justamente esse menosprezo de sua condição de mulher que desafiou Maria Madalena. Ela não se submeteu, mas se ergueu. Ela não renunciou ao que sentia em seu íntimo; ou seja, que, para ela, ser mulher significava viver com dignidade e autodeterminação. Ela se ateve a isso, mesmo tendo experimentado incompreensão e desprezo. O fascinante nessa mulher é que, passados 2.000 anos, ela ainda tem a nos transmitir algo que buscamos em nosso íntimo. Nela se manifesta o protótipo da capacidade feminina de amar.

Hoje as mulheres vivenciam, em muitos aspectos, uma amplitude maior do que naquela época; no entanto, quase todas já fizeram a experiência de possibilidades não vividas, de liberdade não aproveitada, de pouco amor. Elas muitas vezes suportam isso por duvidarem do próprio valor. Nós, mulheres, sabemos muito bem o que é o desejo de ser queridas por outros, e, para conseguir isso, ter de aceitar coisas que não correspondem realmente a nós. Nesse aspecto, não temos vivências diferentes daquelas que Maria Madalena deve ter tido na sua época. No entanto, ela foi capaz de crescer e superar tudo isso. Nós também temos essa capacidade. Por isso, necessitamos da experiência dela. O caminho trilhado por ela pode nos dar inspiração e encorajamento para viver mais a partir de uma cordialidade plena de amor, que seja calorosa para nós e para os outros.

O modo como a vemos hoje não corresponde mais ao olhar daquela época patriarcal. Tampouco corresponde à depreciação a que por muito tempo esteve exposta aos olhares masculinos. O que sentimos hoje é, antes, uma íntima ligação feminina com ela, uma empatia por suas experiências, um respeito por sua coragem de não corresponder simplesmente à imagem tradicional de mulher. A exemplo dela queremos dar vazão ao anseio de que haja em nós mais amor e mais liberdade do que expressamos. Isso começa dentro de nós mesmas.

Por isso escolhi o título *Amo a mulher que sou*. Temos o anseio de dizer um sim incondicional para nós mesmas. Um sim de autoestima pelo nosso ser mulher, inclusive em meio a nossas insuficiências e fases difíceis. O que precisamos para isso não é ficar girando em torno de nós mesmas, mas de mais aceitação e cordialidade.

Às vezes, contudo, não ousamos confiar em nosso anseio. Justamente quando fazemos experiências marcantes que nos levam a crer que não merecemos o amor. Ou temos medo da nossa força e preferimos nos dar por satisfeitas com a situação. Diante disso, a frase "amo a mulher que sou" representa um grande desafio, pois ela nos desafia a ter mais coragem e cordialidade em relação a nós mesmas; algo que dificilmente nos concedemos tão diretamente. É o que sentem as mulheres que respondem: "Nem me arrisco a pronunciar essa frase. Com base na minha educação ela soa como uma proibição. Sempre me foi dito que assim eu seria uma egoísta".

Nessa maneira de pensar repercute a imagem da abnegação feminina que foi transmitida de maneira muito intensiva a muitas mulheres. Seu olhar deveria estar direcionado somente para as outras pessoas, e raramente para si mesmas. Entrementes, desenvolveu-se, a partir dessa atitude, uma tendência oposta em que as mulheres se perguntam: "E eu, quando chegará a minha vez?!"

O amor-próprio passou a ser tema geral, e não é de se admirar. Da abnegação exagerada de muitas mulheres decorre naturalmente agora o inverso. Pode acontecer que se incorra no extremo oposto: a consequência é um girar em torno de si mesmas até chegar a um equilíbrio. Pois, na sua forma madura, a abnegação não atesta falta, mas amor. Nesse caso, somos capazes de retrair nosso eu em favor de outros, mas continuar estimando a nós mesmas; conhecemos as nossas carências e sabemos quais são os nossos limites, agindo de acordo com isso. Essa honestidade nos torna cordiais por estarmos interiormente vinculadas ao nosso coração. Então a frase "amo a mulher que sou" se torna bem natural e autoconsciente.

Do coração sempre procede o que é bom para nós e para os outros. No entanto, muitas vezes perdemos o senso do que é bom para nós como mulheres. Desse modo, perdemos força, porque essa perda nos deixa inseguras. E quanto mais inseguras estamos, tanto mais escutamos as vozes de fora, tentando nos persuadir de como devemos viver como mulheres. Ao seguir o que dizem essas vozes, também nutrimos veladamente alguma expectativa em relação a elas. Esperamos que, desse modo, também experimentemos mais pertencimento, mais reconhecimento e mais amor. Contudo, quando identificamos o que é bom para nós em determinada situação, muitas vezes não correspondemos às imagens e expectativas dos outros. Eles reagem a isso frequentemente com avaliações negativas ou distanciamento. A autonomia pode ter um preço, mas a adaptação em demasia também.

Uma mulher como Maria Madalena fazia todas essas experiências incisivamente em seu tempo. A adaptação exigida dela a deixou doente. No entanto, ela continuou confiando em seu anseio por liberdade, que provinha do amor à vida. Por isso, ela não descansou até encontrar as duas coisas – dentro de si. Em um encontro amoroso, ela reencontrou seu poder de cura; reconheceu que todo o amor reside nela. Ele reside em nós.

Seguindo o exemplo dela, nós, mulheres, ainda hoje podemos crescer. Ela comunica a mensagem de que não nos demos por satisfeitas com o sofrimento provocado por experiências dolorosas, de que não deixemos de buscar mais amor para nós. Independentemente de quanto cerceamento e falta de amor tenha vivenciado, ela própria nunca permitiu que a impedissem de responder a isso com mais amor. Ela mostra a nós, mulheres, que temos dentro de nós esse poder e também essa paixão de expressar um amor mais forte do que mostramos até agora. Não se trata aqui de uma pretensão moral, mas da suprema qualidade humana que cada uma de nós tem dentro de si e que pode ou não realizar. Nós já começamos a mostrar essa qualidade quando nos tratamos de modo mais amistoso e apreciativo. Então mostramos mais calor humano, que se irradia naturalmente também para as outras pessoas. Desse modo, movemos algo não só em nós e nos outros, mas ao mesmo tempo também no mundo. Este se torna mais cordial por meio de nós.

O que nos marcou

Cada geração carrega consigo a herança das anteriores. Podemos viver bem com base nos muitos pontos fortes de cada geração; outras "partes da herança" não se desenvolveram suficientemente para proporcionar uma vida boa. Desenvolvê-las continua sendo nossa tarefa. A nova geração logra esse desenvolvimento; ora a passos curtos, ora a passos largos.

Nós, mulheres, carregamos até hoje a herança de milênios de subordinação das energias vitais femininas às energias vitais masculinas. Crescer a ponto de escapar dessa herança requer gerações. Especialmente nas últimas décadas foram dados passos vigorosos no sentido de compensar cada vez mais essa injustiça contra as mulheres. Porém, ainda temos muito a fazer.

E isso começa em nós! Uma tarefa essencial é tomar consciência dos âmbitos em que ainda estamos presas às maneiras patriarcais de pensar. Pois internalizamos de tal maneira a marca duradoura que essa forma de sociedade imprimiu em nós, que muitas vezes nem notamos que ainda nos guiamos por ela.

Podemos nos observar e perguntar: "Estou agindo assim porque acho que isso combina comigo como mulher ou estou agindo porque alguém espera isso de mim?" "Estou cumprindo a expectativa porque quero fazer isso de livre e espontânea vontade ou porque eu também gostaria de receber algo em troca da outra pessoa?"

Com frequência a criança carente em nós ainda está tão forte que buscamos urgentemente ser reconhecidas e queridas. A nosso ver, precisamos receber isso de qualquer jeito dos outros porque ainda não o encontramos em nós mesmas. Essa expectativa de que outras pessoas nos vejam e valorizem facilmente pode nos levar a fazer coisas que jamais faríamos como mulheres interiormente livres.

Por exemplo, que mulher calçaria voluntariamente sapatos de salto alto se a isso não estivesse vinculado o desejo secreto de ser percebida pelo olhar do homem como mulher eroticamente atraente? Naturalmente toda mulher também pode se sujeitar a isso por pura satisfação consigo mesma, estando disposta a passar apertos por esse motivo. Trata-se de reconhecer que nós, mulheres, até hoje, sobretudo na esfera da moda, tendemos a nos impingir algumas "alegrias". Por exemplo, em gerações anteriores à nossa foi comunicada às mulheres a "alegria" de ter uma cinturinha de vespa, associada ao tormento de se comprimir dentro de um espartilho. Nas mulheres chinesas foi exaltada a "alegria" de ter pés pequenos e atrofiados como ideal de beleza dos homens. Na época da moda sem barriga, uma adolescente me disse que não se sentia realmente bem com aquilo; mas, caso não se adaptasse, ela teria de enfrentar a zombaria da turma em sala de aula. Há numerosos exemplos de que as mulheres se adaptaram à imagem de beleza e feminilidade em vigor em determinada época sem dar atenção ao seu bem-estar. Muitas vezes olhamos para nós mesmas com o olhar dos homens e nos orientamos por ele quando o olhar para nós mesmas não é suficientemente amoroso.

Nas gerações passadas, muitas mulheres e mães sofreram profundamente com as posturas depreciativas em relação às energias vitais femininas. Elas muitas vezes só conseguiram sobreviver a essas relações discriminatórias subordinando-se. Muitas mulheres não tiveram a possibilidade de se rebelar porque teria sido muito difícil suportar as consequências. O resultado foi que encorajaram suas filhas a não sofrerem da mesma maneira ou repassaram para elas, de muitas formas, o seu sofrimento. Ao fazer isso, muitas vezes nem sabiam que haviam se aliado ao sistema depreciador. Nesse caso, as filhas não foram, por exemplo, protegidas do abuso na família nem ouvidas. As mães permitiram que as forças destrutivas de um sistema patriarcal prejudicassem suas filhas. É algo que continua acontecendo hoje e tem início quando os pais utilizam palavras que rebaixam a feminilidade de suas filhas e as mães não os contestam.

Muitas mulheres permitem que os homens supostamente fortes ajam dessa maneira porque têm pouco acesso às próprias forças. Muitas mães até hoje não desembarcaram desse sistema; elas não são capazes de reconhecer isso ou lhes falta força e coragem para se libertarem.

Também hoje numerosas mulheres costumam pôr os desejos que têm para a sua vida no fim da fila; depois do marido, depois do seu pai e da sua mãe ou das crianças. Elas não se arriscam a aparecer como pessoas próprias e com carências igualmente próprias. Na maioria das vezes, receiam avaliações ou rejeição, caso não correspondam a uma certa imagem de mulher. Elas, então, sujeitam-se a essa imagem, mas interiormente ficam tristes, rancorosas ou adoecem.

Nos últimos anos as mulheres também insistiram em apontar as deficiências da linguagem feminina. Nós assimilamos de tal maneira a linguagem de cunho masculino, que praticamente não percebemos mais a falta de expressões femininas. Algumas mulheres acham que esse cuidado é exagerado, outras reconhecem aí a necessidade de se conscientizar mais de uma linguagem de cunho feminino. Uma mulher atenta a esse aspecto gradativamente foi se dando conta do quanto a influência masculina se reflete nas orações de sua comunidade religiosa. Para ela, faltavam as palavras para delinear também uma imagem feminina de Deus. Ela achava que, se alguma vez fossem usadas no culto exclusivamente expressões de cunho feminino, os homens tomariam mais consciência dessa unilateralidade. Isso pode não ser importante para muitas mulheres, mas o questionamento das relações vigentes sempre será importante, caso nos leve a perguntar mais conscientemente se elas ainda são acertadas para nós, mulheres.

As repercussões de uma sociedade patriarcal ainda podem ser sentidas em muitas esferas. Na convivência mútua, isso não pode ser satisfatório nem para a mulher nem para o homem, pois o encontro de ambos não se dá no mesmo nível. Quando um deles se sente superior e o outro inferior, não pode se instalar uma proximidade real. Frequentemente a mulher tenta encontrar essa proximidade no plano emocional; mas, ao fazer isso, talvez não consiga atingir o homem. Este espera experimentar essa proximidade de muitas formas no plano físico e fica frustrado quando sua mulher não se mostra receptiva a isso.

Porém, há mulheres em quantidade suficiente que buscam conscientemente um homem superior, porque querem assumir o papel subordinado, inclusive na sexualidade. Se a dominação de outro e sua subordinação feminina a deixarem feliz, ela tem a liberdade de se decidir por isso. Nesse caso, o encontro olho no olho não é seu objetivo. A superioridade do homem buscada por ela também é capaz de encobrir sua insegurança como mulher ou reprimir a força que lhe é própria. As marcas que carregamos inconscientemente em nós muitas vezes nos levam a repetir os padrões que nos são familiares a partir de nossa história, até que os identifiquemos.

A formação de Maria Madalena – sua influência sobre nós hoje

Maria Madalena é uma figura feminina que se destaca nos textos da Bíblia. Ela é mencionada 14 vezes, e nenhuma outra mulher, exceto a mãe de Jesus, recebeu tanta atenção. Logo, ela deve ter sido uma personalidade especial. Em contraposição a outras mulheres, ela não é mencionada em relação a alguém; ou seja, não como "a mulher de" nem "a irmã de" nem "a filha de". Ela parece ter sido uma mulher autônoma. Por seu cognome, é natural de Magdala, uma localidade às margens do Lago de Genesaré. Os textos bíblicos atestam com toda clareza que ela estava possuída por sete demônios e que Jesus a curou disso; que, depois de sua cura, ela se tornou uma discípula dele; que ela foi testemunha da ressurreição e que recebeu de Jesus a missão de proclamar sua mensagem e transmiti-la ao mundo inteiro.

Contudo, outras histórias bem diferentes também se entrelaçaram com a história dela e hoje se sabe que sua imagem foi mesclada durante muito tempo com a de outros vultos de mulheres da Bíblia. Com Maria Madalena foi vinculada, por exemplo, a imagem da pecadora, da mulher anônima que lavou os pés de Jesus e os secou com seus cabelos. Em outra passagem, essa mulher é chamada de Maria de Betânia. É de se supor que ela tenha sido associada com Maria Madalena pelo fato de terem o mesmo nome. Também a imagem da pecadora arrependida, de certa mulher que teria tido muitos maridos, foi associada a Maria Madalena. Contudo, não há nenhum indício na Bíblia que documente isso. Entrementes, inclusive já se declarou essa associação como equivocada.

As diversas interpretações e lendas que surgiram daí ajudaram a compor a imagem de Maria Madalena. Quem contribuiu para formar uma imagem humilhante de mulher foi um papa no ano de 591, que a caracterizou publicamente como prostituta. Em virtude desse mal-entendido, Maria Madalena repetidamente foi encarada dessa maneira na tradição eclesial. Por muito tempo se insistiu nessa imagem discriminatória, que até hoje não se dissipou totalmente.

Essa imagem surgiu porque, na sociedade daquela época, as mulheres eram chamadas de pecadoras quando resistiam às regras rígidas da sociedade. Pais, maridos ou irmãos decidiam como uma mulher deveria viver. Já era considerado pecado quando uma mulher queria apropriar-se de algum saber. Se uma mulher transgredia essas regras rígidas facilmente se espalhava a respeito dela o boato de liberalidade sexual. Uma sociedade – particularmente também uma religião – que tende a ser hostil ao corpo sempre corre o risco de projetar em outras pessoas aquilo que não é permitido. Nesse caso, a condenação da sensualidade facilmente é lançada sobre a mulher; aqui, sobre Maria Madalena. A sensualidade não era vista como expressão de sua força feminina, mas explicada como violação cometida por ela.

No entanto, a prostituição pode também ser entendida de modo bem diferente: nós nos prostituímos quando traímos nossos sentimentos e quando nos humilhamos diante de outros, quando arriscamos nossa dignidade só para sermos queridas e reconhecidas por outras pessoas.

O que Maria Madalena experimentou na sua época também tem algo a ver com as nossas experiências. O modo como ela, em sua condição de mulher, foi vista e tratada por um mundo de cunho fortemente masculino marcou profundamente a imagem que tiveram da mulher as gerações subsequentes. As qualidades femininas com as quais expressou seu ser mulher foram depreciadas, e não entendidas. Disso resultaram interpretações equivocadas que foram divulgadas sobre ela. Maria Madalena foi usada para confirmar uma imagem hostil às mulheres. Muitas delas, marcadas pelo cristianismo, acreditaram nessas autoridades e interiorizaram essa imagem depreciativa de pecaminosidade feminina. E ela ainda não foi eliminada de todos os âmbitos.

O que se cometeu contra Maria Madalena e muitas outras mulheres mediante a depreciação do feminino ficou gravado nelas como injustiça vivenciada. Porém, também ficou gravado nelas o anseio de

Maria Madalena de não se limitar a responder a essa injustiça com mágoa. Com base nesse anseio muitas mulheres já desenvolveram uma força especial. Precisamente a partir da experiência de injustiça elas promoveram algo decisivo para si e para a sociedade.

Podemos fazer isso hoje também, pois quanto mais valorizador e amigável foi o olhar que dirigimos a nós mesmas tanto mais independentes nos tornaremos de influências e autoridades de fora; tanto mais amadurecida ficará nossa capacidade de lidar conosco de modo cordial e amoroso, repassando isso para fora. Concomitantemente, permanecerá como herança e missão para os homens atuais crescerem e superarem a masculinidade exacerbada que os marca e, na convivência, formarem algo equivalente, o que já está acontecendo com frequência cada vez maior.

O que não está livre em nós

A Bíblia conta que Maria Madalena esteve possessa de sete demônios. Hoje em dia quase já não usamos a palavra "demônios". O que isso poderia significar para nós hoje? Trata-se desses poderes interiores que impedem a nossa libertação. Falamos de demônios quando estamos interiormente tomadas por algo ou como que presas a algo. Podem ser nossas angústias de ficar sozinhas ou de não ser amadas. Os demônios podem ser nossos complexos de não saber fazer algo suficientemente bem ou de não ser como os outros; podem ser nossas feridas que nos levam a fechar nosso coração para não sermos novamente machucadas. Igualmente podem ser as exigências além de nossa capacidade, quando talvez tenhamos sido obrigadas a adotar como crianças comportamentos de adultas. Nesse caso, há o risco de que hoje voltemos a incorrer em situações que vão além de nossa capacidade. Os demônios podem ser nossos sentimentos de culpa ou as depressões que nos ocupam e oprimem. Mas talvez também estejamos possuídas pela ambição e pela inveja, movidas pelo desempenho, pelo poder e pela busca da fama e da perfeição.

Os demônios provêm de nosso passado. São as lembranças de situações que certa vez nos causaram dor. Quando, hoje, ficamos em uma situação parecida, costumamos reagir como na época em que éramos crianças. Talvez voltemos a nos sentir impotentes, ofendidas ou nos retraiamos, não nos arriscando mais a externar nossas carências.

Lembranças de vivências passadas podem tomar conta de nós a ponto de não termos a liberdade de agir como adultas. Nesse caso, ainda estamos presas a uma angústia infantil e não conseguimos dizer sim ou não, nem nos defender ou nos impor. Muitas vezes também carregamos frases que ainda nos mantêm presas.

Em meu seminário sobre Maria Madalena, certa vez as mulheres registraram por escrito frases que carregam consigo a partir de sua história. Seguem alguns exemplos:

- "Não sou boa o suficiente."
- "Sempre sou a culpada de tudo."
- "Não seja tão preguiçosa."
- "O que os outros vão dizer?"
- "Você é demais para mim."
- "Se você não for perfeita, será boba."
- "Isso não é da sua conta."

Todas nós conhecemos frases parecidas. Muitas vezes elas repercutem em nossa vida até hoje e podem nos tirar a liberdade de ser como somos. Percebemos isso quando nos perguntamos: "O que essa frase fez comigo?" "O quanto ela me dominou ou ainda domina?"

Por trás de um demônio está o medo profundo de não sermos amadas o suficiente, de não sermos suficientemente valorizadas pelas outras pessoas. Quando esse medo nos aprisiona tendemos a querer agradar a todo mundo e nos guiarmos pelas expectativas dos demais. Não ousamos sentir o que de fato sentimos, dizer o que queremos dizer, viver como realmente queremos viver, porque somos prisioneiras do medo de não sermos amadas o suficiente se agirmos de determinada maneira.

O que experimentamos da parte do pai e da mãe ou de educadores são formas do medo humano. Elas geralmente se manifestaram a nós sob o signo da falta de amor, do rigor implacável ou também de não sermos percebidas pelo que somos ou sentimos. Porque nosso pai e nossa mãe não chegaram a viver por estarem aprisionados em seus medos, tampouco puderam permitir que nós chegássemos a viver. Forçadas pelas circunstâncias, tentamos reprimir a nossa vitalidade, porque, na condição de crianças, dependíamos do amor deles. Quanto mais éramos forçadas a nos reprimir tanto mais pôde se desenvolver nosso complexo ou nosso medo. Muitas vezes eles se sedimentaram de tal maneira no nosso pensamento e na nossa ação, que ainda hoje nos tolhem.

Se Maria Madalena esteve tomada por sete medos e complexos desse tipo, sua condição deve ter sido muito ruim. Ela deve ter se tornado estranha a si mesma e já não sabia mais quem verdadeiramente era. A longo prazo, sentir-se dividida entre o que outros querem e o que ela própria quer pode deixá-la doente. Um dos piores medos é perder a própria identidade e não ter mais nenhum centro a partir do qual possa tomar decisões por si mesma. O medo da própria autonomia pode ser tão grande, que se prefere escolher a dependência à autodeterminação. O que resta, nesse caso, é uma insegurança profunda aliada à sensação de fraqueza.

Nem sempre temos consciência dessas facetas privadas de liberdade. Talvez nos admiremos por que não nos sentimos bem em certas esferas ou por que simplesmente suportamos certos sofrimentos. Muitas vezes também nos habituamos a certas posturas que nos parecem normais sem perceber a força com que o passado ainda repercute em nós. A influência de experiências do passado pode se manifestar de diferentes maneiras.

A mulher magoada

"Não sou importante": é o que a mulher magoada pode ter interiorizado como experiência passada. Ela vivenciou rejeição, abandono ou foi ignorada. Mais tarde presumivelmente ela voltará a se relacionar com pessoas que lhe confirmam as antigas experiências. Talvez experimente nova rejeição ou volte a ser ignorada, e isso machucará novamente sua autoestima. Uma palavra inocente, certo olhar ou algum gesto omitido são suficientes para provocar uma nova mágoa. Nesses casos, a reação da mulher magoada é se mostrar ofendida. Ela praticamente não fala mais com a pessoa em questão, talvez até se torne birrenta ou se retraia totalmente; faz com que a outra pessoa sinta claramente que lhe causou algo ruim. Só que ela não diz nada! Sua atitude de muda acusação pretende indicar isto à outra pessoa: "A culpa de eu estar sofrendo é sua". Essa atitude pode se converter em uma forma de exercer poder, pois a ruptura do contato é feita para punir a outra pessoa, que fica inclinada a assumir a culpa só para restabelecer o contato.

Também na relação entre mães e filhas é hoje cada vez mais frequente a atitude de se mostrar mágoa, na qual uma das duas rompe contato. Para ambas, isso representa sofrimento, porque uma relação importante para as mulheres é sacrificada à mágoa. Muitas vezes as expectativas não foram cumpridas ou acusações mútuas aguçaram um conflito que estava se avolumando. Quando então uma delas corta totalmente a relação não resta possibilidade de encontrar uma forma madura de solução.

A mulher magoada muitas vezes se sente impotente para se defender com palavras de um comportamento desatento de outras pessoas. Geralmente ela sente que não vale a pena melhorar a situação para si mesma. Ela pode se familiarizar mais com o sofrimento causado pela mágoa do que se empenhar para solucionar o problema causado. No seu sentimento de impotência ela também pode se enfurecer a tal ponto, que começa a dizer coisas sem pensar e que acabam magoando outros.

Há pessoas que já não levam a sério o comportamento da mulher magoada. Sua maneira de agir lhes parece demasiado infantil, razão pela qual julgam praticamente impossível encontrar uma solução para o conflito no plano adulto. Elas sentem a falta de liberdade da mulher magoada e, visando proteger a si mesmas, muitas vezes não desistem de se envolverem com ela. Isso pode acabar tornando a mulher magoada solitária.

> Certa vez uma mulher me falou dessa sensação de solidão. Ela estava na meia idade e a encontrei durante uma palestra para um círculo de mulheres. Logo depois da atividade, ela me convidou para tomar chá e conversar. Vivia sozinha e me contou que tinha poucas amizades, queixando-se de que outras pessoas não buscavam o contato com ela. Ela teria se empenhado por muito tempo, mas por fim acabou se conformando com o fato de aparentemente não ter importância para os outros.
> Algumas semanas mais tarde voltamos de um evento no mesmo carro. No caminho ela comentou que eu teria conversado com uma outra mulher mais do que com ela. Fiquei admirada com essa constatação, mas eu sabia que isso não tinha nada a ver comigo. Pois o "mais do que" se resumia a dois minutos estimados.

Quando eu quis saber precisamente o que isso tinha provocado nela, ficou claro que havia mexido com uma velha mágoa que carregava. Quando criança, ela se sentiu preterida pela mãe em relação à sua irmã. Esse sentimento de mágoa foi transferido para mim. Quando lhe perguntei, rindo, se no futuro ela gostaria de trazer um cronômetro para me dizer quanto tempo eu dedico a ela ou a alguma outra mulher, ela conseguiu rir. Reconheceu o quanto sua crítica na realidade era absurda e como ainda estava tomada por sua antiga mágoa. No seu complexo, ela não foi capaz de ver que, durante a viagem de carro, tivera muito mais atenção do que a outra mulher.

Característico de um complexo de mágoa é que nós geralmente não vemos mais a realidade, mas, em vez dela, nutrimos a dor antiga que diz: "Eu não sou importante". Quando isso é assim, podemos tomar cada ação, cada palavra de outra pessoa de modo tão pessoal que imediatamente a sentimos como direcionada contra nós. Não verificamos mais qual era a intenção subjacente ou se foi corretamente entendida, mas a outra pessoa fica presa conosco em nosso complexo. Desse modo, ambas vivenciam um constrangimento, porque o medo da mulher magoada está no ar: "Não sou importante e, portanto, não sou amada e responsabilizo você por isso". Esse fato provoca confusão, pois a outra pessoa é colocada como a única responsável pela mágoa, em vez de perguntar-nos o que nos torna tão vulneráveis e como se poderia lidar mais livremente com isso.

A mulher depreciada

"Não sou boa o bastante" é uma frase bem familiar à mulher com baixa autoestima. No passado, geralmente lhe foi comunicado que algo nela não está certo, que ela não é bela o bastante, que não é esperta o bastante ou que não é jeitosa o bastante. Gostavam de tomá-la como ponto de comparação e, nesse ato, ela geralmente se saía mal. O louvor e o reconhecimento que ela experimentava eram escassos, e quando os recebia, era mais como estímulo para melhorar. O que havia não era bom o bastante.

A partir dessas experiências a mulher pode desenvolver uma autoestima que depende exclusivamente da avaliação de outras pessoas. Se estas a avaliarem negativamente, ela se sentirá menos valorizada e também gostará menos de si mesma. Se elas se mostrarem reconhecidas, ela se sentirá mais valorizada e mais amada. Ela raramente pergunta a si mesma: "Quem sou eu sem a avaliação das outras pessoas?"

Quando retomo a frase "não sou boa o bastante" e pergunto para as mulheres: "Para quem não sou boa o bastante?", frequentemente recebo como resposta: "Para mim". A experiência do passado sedimentou-se tão profundamente que agora é a mulher adulta mesma que se avalia como não sendo boa o bastante.

Mas ela também se sente diminuída diante de outras pessoas; costuma valorizar mais os talentos delas do que os seus. Suas capacidades não lhe parecem ter nada de especial. Quando o complexo está em ação nela, já não assume o lugar que está ao seu alcance. Ela prefere se posicionar na segunda fileira e permite que outros passem à frente; seja na esfera profissional, seja na esfera privada. As dúvidas a respeito de si mesma muitas vezes a inibem de mostrar todo o seu potencial. Desse modo, ela sempre fica aquém de suas possibilidades por não se sentir competente o bastante; rejeita desafios maiores por supostamente ter medo de não estar à altura deles. Por essa razão, na esfera profissional ela prefere fixar metas menores por não acreditar no seu êxito.

O demônio de não se sentir valiosa muitas vezes já se manifesta na postura e também frequentemente está insegura, como se sentisse assim: "Estou no lugar certo? Posso mesmo estar aqui?" "Tornar-me invisível é melhor do que me mostrar. Alguém poderia me criticar".

Para uma mulher com esse complexo também é difícil aceitar elogio. Por exemplo, outra mulher lhe diz que seu vestido é bonito e ela responde: "Que nada, este eu já tenho há muito tempo", ou "Este custou bem barato". A atitude de aceitar o valor que lhe foi atribuído e responder: "Grata, fico contente" lhe é pouco familiar.

> Um marido se queixou da dificuldade que encontra para elogiar sua esposa. Se lhe diz que está bonita, ela sempre consegue pôr um defeito em si mesma. Ou se sente muito gorda, ou seus cabelos não se alinham direito,

ou ainda o vestido não lhe senta bem. A seu ver, não importa o que ele diga, ela não aceita. Acha que nem é levado a sério por ela nesse aspecto por pensar assim: "Ele só diz isso porque me olha com um óculos cor-de-rosa". Outras pessoas me verão de modo bem mais crítico e logo identificarão o que não está de acordo.

A baixa autoestima geralmente dificulta as relações. Pode ser muito desgastante para o interlocutor ficar constantemente valorizando a outra pessoa quando esta fica o tempo todo se apequenando. Quando uma mulher não aprecia suficientemente seu valor feminino, ela também pode tender a enaltecer o homem. Ela possivelmente se subordina às concepções dele ou permite que ele faça avaliações negativas. Nesse caso, geralmente também é o homem que determina o que ele quer da relação sexual e ela se submete sem dizer claramente o que deseja. Ou ela diz não para todos os desejos sexuais, porque algumas mágoas experimentadas a roem de tal maneira que não deseja mais nenhuma intimidade. Na maioria das vezes, não se fala abertamente sobre isso, o que costuma gerar críticas do homem e consciência pesada na mulher. Ao lado de sua rejeição, ela tem veladamente a sensação de não ser boa o suficiente para seu marido na esfera sexual. E isso voltaria a confirmar sua experiência anterior.

Outra variante desse complexo: uma mulher tende a questionar constantemente seu parceiro. Nesse caso, ela supostamente está convicta de que seu jeito feminino de fazer as coisas é o melhor. Como ele maneja as coisas no âmbito doméstico, como ele lida com seus sentimentos ou como ele dirige o carro – ela tenta comunicar-lhe que ele deveria fazer tudo como ela faz. O jeito diferente do marido é visto por ela como inferior ao seu jeito feminino. Ela pode lhe comunicar: "O seu jeito masculino não é bom o bastante" e, por meio dessa depreciação, tentar aumentar o seu valor reduzido. A consequência disso serão lutas cansativas e inúteis pelo poder.

Quando as mulheres dão pouco valor ao feminino que há nelas pode lhes parecer que vale mais a pena imitar o masculino. Elas talvez liguem isso ao desejo de conseguir mais reconhecimento ou gostariam de provar que não ficam devendo nada ao masculino. Cada mulher terá de falar por si mesma e dizer se escolheu esse caminho em virtude de uma liberdade interior ou devido à baixa autoestima feminina. Se, ao fazerem isso, as mulheres se sentem ainda melhores e mais valorizadas vestindo roupas masculinas, é algo subjetivo. Em sentido inverso, isso significaria que os homens, de igual modo, poderiam escolher roupa feminina para se sentirem melhor e mais valorizados como homens. Todavia, com raras exceções, os homens não fariam isso.

Se, nas relações profissionais, houver mulheres na condição de chefes ou de colegas atoladas em seu complexo de inferioridade, a situação se tornará difícil para os colaboradores. Com esse demônio dentro de si próprias, elas não podem admitir nem reconhecer que os outros façam um bom trabalho. Na maioria das vezes, elas acabam encontrando algo não condizente ou fazem comentários ácidos para atingir os outros e para que estes se sintam inferiorizados. Elas conseguem isso de muitas maneiras.

Todas nós passamos de tempos em tempos por fases de baixa autoestima. Nesses momentos, geralmente não nos tratamos com carinho. Talvez nos preocupemos muito pouco com nosso corpo, tendendo a nos sacrificar pelos outros ou a nos considerarmos menos fortes em comparação com outros. E há momentos em que permitimos que os sentimentos de baixa autoestima dos outros nos tornem inseguras, até percebermos que estamos enfraquecendo a nós mesmas. Geralmente conseguimos encontrar o caminho de volta para o nosso valor e, então, decidimos não mais nos deixar dominar por dúvidas.

A mulher cheia de culpa

"Tudo é culpa minha": frase típica que uma mulher carrega consigo devido à experiência da atribuição injusta de culpa. Ela conhece bem a sensação de ser eleita como bode expiatório para situações malogradas ou para conflitos que afloram nas relações. Alguém lhe atribui a culpa e ela está disposta a assumi-la; atém-se à experiência de ser culpada quando faz algo que os outros consideram errado. Isso se torna um complexo. É bastante provável que ela terá um parceiro que lhe comunica o seguinte durante um conflito: "A culpa dessa situação é sua. Você só precisa mudar de atitude, e já não teremos mais nenhum problema".

Ela, então, logo se desculpará por sua suposta culpa, ao passo que o parceiro não dirá nenhuma palavra. Ela tomará para si também a parcela de responsabilidade que cabe a ele porque, para ela, é algo familiar ser responsabilizada sozinha por muitas dificuldades.

Muitas mulheres já passaram por isso no relacionamento com seu pai e sua mãe, quando estes se viram como autoridade infalível. Nesses casos, eles raramente reconhecem sua parcela de culpa em situações de conflito e são praticamente incapazes de se desculpar. Toda e qualquer culpa é vista no comportamento da filha, o que leva muitas mulheres a se resignarem interiormente, geralmente dizendo esta frase desesperada: "Já sei, tudo é culpa minha". Nesse ponto, elas próprias se apequenam e bloqueiam qualquer solução do conflito.

Vivenciamos hoje de muitas formas que as pessoas gostam de declarar alguém culpado, mas, ao mesmo tempo, rejeitam assumir toda e qualquer culpa. Ao fazerem isso, elas são dominadas pelo mesmo medo que pode se tornar um demônio: ter culpa de algo significa não ser amado.

Não são poucas as mulheres que vivenciam isso também por ocasião de uma separação. Elas muitas vezes toleram por muito tempo situações infelizes, sentindo-se talvez já há mais tempo emocionalmente carentes, mas não encontram mais nenhuma maneira de reanimar a relação com seu parceiro. Possivelmente ele fala pouco de si, talvez se soterre no trabalho profissional ou se mostre indiferente para com a relação do casal. Sua ideia de casamento talvez esteja mais direcionada para o provimento do que para a proximidade mútua. Há parceiros que estão só pela metade na relação; com a outra metade estão em algum lugar fora dela. As mulheres tentam então trazê-los para dentro e sentir um sim inteiro deles, em vez de apenas meio sim. Há parceiros que não compreendem e sentem isso como pressão. Quando então, em algum momento, uma mulher tira as consequências e se retira da relação, a culpa é jogada nela: "Foi você que quis ir embora. Eu não queria a separação".

Às vezes até o pai e a mãe ou mesmo as próprias crianças culpam a mulher por sua decisão. No juízo deles, ela tinha a tarefa de levar o casamento adiante e poupar as crianças dessa dor. Quando uma mulher carrega dentro de si o COMPLEXO "tudo é culpa minha", tende a aceitar a culpa atribuída mais do que a rejeitá-la. Ela também aceitará a falta de amor, porque veladamente ela pensa: "Não sou digna de amor; do contrário, meu parceiro teria mostrado mais amor por mim".

Seu sistema de valores talvez também lhe diga que deveria ater-se à relação a qualquer preço e que seria egoísta se não fizesse isso. Porém, sua verdade interior lhe diz que não poderá fazer isso sob as circunstâncias atuais. É muito natural que, nesse conflito interior, aflorem sentimentos de culpa. Eles oferecem resistência ao que se encontra dentro de nós. A norma interior e a própria verdade já não concordam.

Mas, quando uma mulher é tomada por sentimentos de culpa, apesar de sua verdade, ela sempre se atormentará com os seguintes pensamentos: "Se eu tivesse... Como não pensei nisso? É imperdoável agir assim!"

Em toda relação cometeremos alguma injustiça contra o outro e experimentaremos alguma injustiça da parte dele. Isso faz parte da experiência humana. É por isso que os sentimentos de culpa também fazem parte dessa experiência. Quando reconhecemos que ficamos devendo algo a alguém, os sentimentos de culpa significam que temos uma percepção saudável. Eles nos ajudam a verificar se cometemos alguma injustiça e se realmente temos alguma culpa. Assumir essa possível culpa e corrigir nosso comportamento são sinais de força e maturidade humanas. Desse modo, os sentimentos de culpa podem levar a uma ação libertadora.

Mas eles têm um efeito constrangedor quando nos sentimos culpados por não estarmos à altura do nosso parâmetro interior. Às vezes ele é tão elevado que exigimos demais de nós. Muitas vezes não admitimos isso para nós mesmas e nos sobrecarregamos com sentimentos de culpa por não aceitarmos nossa limitação.

As mulheres vivenciam isso com frequência em suas obrigações profissionais ou familiares. Elas acalentam uma imagem ideal de tudo o que querem realizar e de quem querem cuidar suficientemente. O cotidiano real mostra, então, muitas vezes que a expectativa era muito alta. Às vezes, a intenção de se livrar de tantas obrigações e voltar a sentir mais alegria de viver já basta para desencadear sentimentos de culpa. Estes, porém, podem levar a uma libertação, bastando nos perguntar se nossos sentimentos representam alguma culpa real ou se nossa culpa se deve apenas ao nosso parâmetro elevado.

A mulher invejosa

"Isso não me basta": esta frase provém da vivência dolorosa de uma mulher que de alguma maneira não recebeu tudo o que queria ou que foi passada para trás. Quer tenha se tratado de atenção ou apoio do pai e da mãe, quer tenha se tratado da satisfação de desejos materiais, não foi o bastante. Em vez disso, sua sensação é de que foram outros que receberam o que ela desejava. Geralmente à falta experimentada se associaram sentimentos de frustração e tristeza, de ódio e raiva. Se ela não conseguiu elaborar sua dor como mulher adulta, de modo que esta a incomoda até hoje, facilmente ela pode se converter em complexo de inveja. Nesse caso, ela está tomada pelo medo de ter menos do que outros, e desse modo ser passada para trás. Esse medo turva seu olhar e impede uma visão clara da situação real.

Quando uma mulher se encontra presa nesse complexo ela vê todas as coisas que não possui ou que não é como essencialmente mais valiosas do que aquilo que ela é ou já possui. Inveja os outros por sua "riqueza", porque, a seu ver, o que eles possuem é melhor. Quase naturalmente ela associa com mais posses, mais dinheiro ou mais sucesso, também mais liberdade e mais independência. Isso promete uma sensação de vida melhor e mais privilégios do que se experimenta na atual situação limitada.

Há pessoas que se sentem tão atraídas pela vida melhor dos outros que se põem em movimento e tentam alcançar algo daquilo para si mesmas. É de se supor que elas digam: "Eu também posso conseguir isso!" Outras não querem fazer todo o esforço necessário, possivelmente tampouco se acham muito capazes e dizem: "Jamais vou conseguir chegar lá!" Talvez uma amiga tenha o corpo mais esbelto, mas ela própria não quer seguir a disciplina necessária. Para não sofrer com o fato de não conseguir atingir o mesmo resultado, ela deprecia sua amiga. Ela prefere ridicularizar os esforços da amiga para sentir-se melhor.

Ainda outras pessoas veem que não possuem tudo que as outras possuem e chegam a invejá-las por isso. Ao mesmo tempo, porém, elas conseguem se alegrar pelas outras e admitir que aquilo tudo não serviria para elas da mesma maneira. Elas sentem inveja, mas não se deixam dominar por ela.

Os sentimentos de inveja vêm de dentro de nós. Eles não têm nada a ver com os outros, mas com a nossa sensação de não termos vida boa o bastante.

Uma mulher presa em seu complexo de inveja facilmente fica amargurada. Essa amargura com frequência a leva a depreciar outra mulher pelo que esta possui ou é. Assim ela pode se enaltecer moralmente e desmerecer, por exemplo, toda forma de riqueza material. A faceta invejosa de uma mulher a priva de toda a alegria. Ela vê em primeira linha o que falta na sua vida e não o que já conseguiu, fazendo com que lhe falte simultaneamente a gratidão.

Nas relações de casais, às vezes um inveja no outro justamente aquilo que este ganha a mais. Por exemplo, se os dois decidiram que a mulher, na condição de mãe, dedicaria mais tempo às crianças e menos tempo à sua profissão, com frequência ocorre que, ainda assim, a mulher tenha inveja do seu marido. Ela se sente menos reconhecida em suas tarefas de mãe do que em suas tarefas profissionais e inveja o marido por esse "mais" de suposto reconhecimento, engajamento profissional ou dinheiro. O homem inveja veladamente sua parceira por poder passar mais tempo com as crianças e talvez poder dar passeios, ao passo que ele fica embretado em seu trabalho. Sua inveja mútua se manifesta muitas vezes nas alfinetadas que dão um no outro.

Porém, a inveja não advém da situação, mas da valorização que ambos negam um ao outro. Quando o trabalho diário de uma mãe ou a atividade doméstica passa a ser vista como tão natural que não precisa mais receber consideração especial, não é de se admirar que uma mulher olhe com inveja para aquilo que, na sua opinião, recebe mais consideração. Quando as tarefas profissionais e familiares que um homem assume não merecem mais o reconhecimento da mulher, ambos vivenciam essa falta de valorização. Isso leva rapidamente à inveja, e daí à depreciação. Embora ambos vivenciem essa falta, muitas vezes nenhum dos dois consegue sair disso para dar o primeiro passo na direção oposta, na direção da valorização. Assim, eles poderiam desfazer sua inveja e achar o caminho para mais consideração mútua.

Isso também vale para a inveja entre mulheres. Uma mulher que sente inveja também tem a tendência de se tornar estrita e amarga, às vezes até maldosa e injusta. Para muitas mulheres é doloroso quando sentem a inveja de outra dessa maneira. Isso pode envenenar relações. Às vezes, a inveja pode ser tão depreciadora, que as mulheres preferem desistir de uma amizade ou de um posto de trabalho a continuar se onerando com os sentimentos de inveja das outras.

Em contraposição, pode ser benéfico quando uma mulher é capaz de dizer francamente à sua amiga por que a inveja. Por exemplo, quando ela própria não tem filhos e diz à sua amiga: "Eu invejo você por sua missão de mãe", e essa amiga lhe confidencia sinceramente: "E eu invejo você por sua liberdade"; nesse caso, a inveja não envenena, mas cria laços. Uma aponta à outra um motivo de gratidão. Talvez uma delas possa voltar a encarar a missão de mãe com orgulho e dignidade e a outra voltar a contemplar sua liberdade com gratidão.

A mulher perfeita

"Se você não for perfeita, será boba": esta pode ser uma frase da infância de uma mulher que carrega o desejo de ser perfeita. É de se supor que não a tenha ouvido assim com todas as letras, mas a sentiu indiretamente como exigência a si mesma. A ameaça: "senão será boba" também pode ter implicado a consequência: "senão será menos amada". Nisso reside o medo que leva a perfeita a um grau exagerado de exigência a si mesma. Ela se submete a uma pressão enorme e exige o máximo de si mesma para fazer tudo certo. Buscar o trabalho consciencioso e dar-se por satisfeita com isso não é o bastante para a mulher perfeita. Ela estipula para si uma meta mais elevada do que as demais pessoas, e quando não a atinge, sente-se destruída.

A perfeita tem pânico de cometer erros que possam ser percebidos por outras pessoas. Isso poderia acarretar críticas e lhe provar que não é tão completa como gostaria. Por essa razão, ela tenta explicar a todos extensamente por que seu erro não foi um erro.

A postura da perfeita está em oposição à liberdade interior. Ela tenta à força atingir o máximo, e nessa tentativa, perde seu parâmetro para distinguir o relevante do irrelevante. Assim, seu ideal de limpeza em casa pode ser tão alto que passa todo seu tempo livre faxinando e deixa de lado todas as outras alegrias. Ela gosta de receber aprovação, e para isso se esforça imensamente. É forçoso que isso acarrete frustrações, mas estas a obrigam a se empenhar ainda mais. "Esforce-se!" tornou-se o lema de sua vida. Por um lado, isso pode trazer bons resultados; mas, por outro lado, pode tolher a vida. Se ela exagerar sua perfeição, dificilmente ainda terá descontração e alegria dentro de si e perderá todo o humor.

Ela possivelmente tem uma colega que para de trabalhar pontualmente porque ainda quer se encontrar com amigos. Talvez ela pense veladamente que também gostaria de fazer isso, mas então olha para sua carga de trabalho, da qual ela tem de dar conta a qualquer preço. Esse "tem de" geralmente é um "dever" muito elevado. Quando não atinge a meta, ela própria se critica como insuficiente. Dificilmente nota que, ao fazer isso, afasta-se cada vez mais de sua vitalidade.

Algumas colaboradoras de certa chefe se queixaram do lado perfeccionista dela em uma sessão de supervisão. Por um lado, elas apreciavam o modo de trabalhar de sua chefe, que examinava meticulosamente cada erro, visando atingir o melhor resultado possível. Por outro lado, elas sentiam que jamais conseguiriam atender o nível de exigência de sua superiora. Ele era tão alto, que só podiam ficar aquém dele. Sua constante crítica à incapacidade de suas colaboradoras produziu no seu local de trabalho um clima de insegurança e acabrunhamento. O que para as colaboradoras representava um resultado bom, nem de longe era suficiente para sua superiora. Ela sempre conseguia achar um "cabelo na sopa". Ao fazer isso, ela olhava com desprezo para elas, comunicando-lhes que decerto não estavam à altura do seu alto padrão.

A mulher perfeita dificilmente consegue ser generosa o suficiente para confiar que as outras pessoas farão algo bem feito. Ela prefere controlá-las para que tudo corresponda às suas concepções. As outras pessoas sentem o aperto e querem se livrar dele.

Na sua faceta perfeccionista, uma mulher é facilmente irritável. Ela está sob a tensão constante de ser perfeita para não sentir o oposto; ou seja, que é imperfeita. Para ela, isso é uma fraqueza a ser evitada a todo custo.

Nessa linha, a doença representa para ela só debilidade, em razão da qual ela não consegue mais "funcionar". A doença a priva da ilusão de perfeição que ela gostaria de manter. Geralmente é difícil aceitar que a condição enferma também pode ser um chamado para um novo tipo de vitalidade.

Nós, mulheres, muitas vezes nos aproximamos bastante do lado perfeccionista quando acreditamos poder desempenhar da melhor maneira possível diferentes papéis ao mesmo tempo. Definir-nos com base em tudo que somos capazes de realizar e, ao mesmo tempo, querer agradar a todos é próprio da inclinação para a perfeição. Muitas vezes ainda queremos ser amadas ou aprovadas por todos, e não vemos que somos as que menos olhamos para nós mesmas. Não é raro que mulheres com essa postura se exauram. Menos de tudo seria mais para nós.

> No tempo em que, na condição de mãe, cuidei das minhas crianças pequenas em casa, uma amiga anunciou que viria visitar-me. Eu achei que devia, antes, tirar da sala de estar todos os brinquedos que estavam jogados nela. Ao aparecer na porta da sala, minha amiga observou admirada: "Você tem três crianças pequenas e uma sala de estar impecavelmente arrumada. Onde foi parar a vida?"

Essa observação foi libertadora para mim. Nessa fase, não era necessário manter tudo em ordem, mas reservar espaço para o que estava vivo.

"Onde foi parar a vida?" pode ser uma pergunta saudável, quando exageramos nosso lado perfeccionista.

A mulher insatisfeita

"Não recebo o que preciso": esta frase pode refletir a convicção interior de uma mulher que é dominada pelo demônio da insatisfação. Esse aspecto pode aflorar de modo recorrente nela ou também determinar sua vida como postura adotada por ela. Basicamente ela sente a falta de algo que poderia ajudá-la a ficar em paz consigo mesma e com sua vida.

A insatisfeita nem sempre sabe exatamente o que lhe falta; ela apenas tem a sensação de que algo está faltando. O fato de não conseguir nomear claramente esse algo faz com que ela o sinta preso a ela como carência difusa. Isso facilmente se manifesta em variações de humor ou nos xingamentos contra tudo e todos. Então as outras pessoas também não sabem o que lhe falta, preferem evitá-la ou reagem com agressividade. Ela, então, sente-se incompreendida, e isso aumenta ainda mais sua insatisfação.

Um período de insatisfação geralmente antecede novas fases de desenvolvimento. Nesse caso, a insatisfação indica o momento de pôr-se a caminho. Algo essencial para a mulher pede para ser expresso e vivido. O que ainda lhe falta é a clareza a respeito de como esse novo passo pode ser viabilizado ou mesmo a coragem de dá-lo. Nesse caso, sentir-se insatisfeita também expressa a tensão entre querer e não poder. Isso pode frustrá-la de modo crescente e assim reforçar sua insatisfação.

Certa mulher que, após um período intensivo de maternidade, passou a ter menos tarefas, achou que dali por diante teria mais tempo livre. Mas ela não conseguia desfrutar desse tempo. Ela se sentia insatisfeita e com uma sensação de vazio. Pela manhã ela já estava de mau humor. Seu marido lhe dava todas as sugestões possíveis do que poderia empreender, mas nada lhe servia. Ela permaneceu na sua habitual rotina doméstica e, ao mesmo tempo, ficou com muita raiva dessa rotina, do seu marido, do seu papel como mulher e de todas as mulheres que exerciam sua profissão. Nada mais lhe proporcionava paz. Ela se odiava por isso. Quando perguntei do que mais sentia falta, respondeu espontaneamente: "Felicidade".

Ela tinha ideias de como poderia ser essa felicidade, mas não se arriscava a estender a mão para pegá-la. Ela queria frequentar cursos, conhecer novas pessoas e aprender muitas coisas. Quando ela falava sobre isso, seus olhos brilhavam. Porém, certa vez acrescentou: "Mas isso tem um custo". Custar algo não cabia na imagem que ela tinha de si mesma. Ela preferia suportar a insatisfação do que se permitir essas despesas. Foi o marido que lhe deu este estímulo: "Você pode custar algo". Ele preferia arcar com as despesas do que suportar sua insatisfação.

Às vezes não nos arriscamos a verificar exatamente o que não nos deixa ter paz. Algumas coisas podem estar faltando na parceria ou na profissão e admitir essas faltas poderia gerar conflitos ou transformação. Para algumas mulheres parece mais fácil continuar insatisfeitas do que descobrir como poderiam chegar a ter mais paz interior. Elas preferem apegar-se à queixa de que a vida é injusta com elas do que fazer algo para tornar a vida justa para si mesmas.

A mulher que não deseja nada para si

"Isso não é para você!" é uma frase que uma mulher com essa postura provavelmente ouviu muito. Possivelmente ela externou como criança um determinado desejo que não cabia na imagem de modéstia que o pai e a mãe tinham feito para si mesmos. Então ela foi posta no seu devido lugar com essa frase para não desejar coisas demais. Ou a mulher já tinha como criança uma ideia de sua vida que ia muito além da que seu pai e sua mãe viviam. Nesse caso, a frase comunicava: "Não seja presunçosa, fique com os pés no chão". O que também podia significar: "Não queira ser maior do que nós!"

> Uma mulher contou o quanto essa frase lhe era familiar. Em sua puberdade, ela tinha sido impulsiva e rebelde e com frequência desafiara o pai dominante com sua opinião. Sempre era a mãe que a censurava energicamente: "Você não tem o direito de falar desse jeito com seu pai!" Ela própria já não ousava assumir uma postura segura de si diante do seu marido.

Com base nessas experiências a mulher pode ter interiorizado a postura de não querer demais ou não pegar demais para si. Ela, então, dá tudo aos outros, e acha que já está passando da conta quando tem pequenas alegrias. Isso não depende necessariamente da disponibilidade de dinheiro; ela só não está acostumada a desejar algo para si pela simples alegria de ter algo. Quer se trate de desfrutar uma ida agradável à cafeteria, de ir espontaneamente ao cinema ou de comprar um par de sapatos em especial; ela sequer se permite desejar essas coisas. Renuncia a muitas pequenas preciosidades na vida. Querer uma coisa boa para si mesma é algo estranho para ela.

Não é a modéstia que a impede de fazer isso, mas o sentimento "não mereço proporcionar a mim mesma tantas alegrias na vida". Em consequência, sua alegria é sempre contida. Raramente ela se solta totalmente; tende a se deprimir com a postura de não desejar nada para si mesma.

As mulheres que cresceram ouvindo a frase "isso não é para você!" costumam não extrair da vida o que poderiam na sua condição. Em termos profissionais, elas preferem vender seu trabalho abaixo do valor a, na sua opinião, ganhar "demais". Justamente no que se refere a ganhar dinheiro, as mulheres sabem bem o que é permanecer no patamar mais baixo em vez de exigir o mais alto.

"Isso não é para você!" é esfregado na cara das mulheres o tempo todo na Igreja Católica. Na comunicação da fé, elas são impedidas de tomar para si o que os outros não desejam para elas. As interpretações teológicas visam a lhes mostrar isto: "Isso não é para vocês!", porque está reservado para os homens. Cada vez menos mulheres estão dispostas a se curvar a esse demônio dos outros ou a permitir que ele continue atuando nelas.

A frase "isso não é para você" também é interiorizada constantemente pelas mulheres na esfera sexual. Geralmente a educação que receberam contribuiu para que não expressassem abertamente seus desejos sexuais. Embora suas necessidades possam ser diferentes das do homem, elas se deixam determinar pelos desejos dele. Seu anseio muitas vezes ainda não está dado com sua imagem de mulher, de modo que raramente admitem sentir prazer na sexualidade. Alguns sentimentos de culpa e de vergonha, especialmente os decorrentes da educação religiosa, as inibem de desejar para si as alegrias sexuais. Desse modo, elas renunciam também a uma porção de vitalidade feminina associada à sua energia sexual.

Primeiro passo rumo à libertação: dar nome ao demônio

Muitas vezes nos assustamos ao descobrir quanta coisa em nós carece de liberdade. Preferiríamos não tomar conhecimento delas. Não gostamos de admitir para nós mesmas que ainda não somos interiormente tão livres como gostaríamos. Sentimos a estreiteza em nossos complexos provocada por alguns medos. E não é fácil sentir isso.

Assim, conseguimos imaginar melhor como Maria Madalena deve ter se sentido quando esteve possessa por sete demônios diferentes. Que aperto e abatimento ela deve ter sentido! Como deve ter estado confusa, jogada de um lado para outro por todos os seus medos e complexos. Eles fizeram parte da experiência feita por ela.

Maria Madalena foi uma mulher como nós. Por essa razão, suas experiências têm tudo a ver com as nossas. A exemplo dela, nós passamos pela vivência de estar presas em certos medos e certas inibições. Às vezes seu efeito é tão poderoso sobre nós porque estão em nosso interior e não temos consciência disso. Nesses casos, não sabemos realmente por que agimos da maneira como o fazemos.

> Certa mulher que, ao adoecer de câncer, repensou sua vida, disse-me durante uma conversa: "Durante toda a minha vida tive medo. Só agora reconheço o quanto estive presa e o quanto vivi acomodada por causa de todos os medos. Minha doença me libertou psiquicamente. A experiência de Maria Madalena é a minha".

É libertador conhecer os próprios complexos e dar-lhes um nome. Quando a mulher invejosa ou a depreciada tomam conta de nós, podemos dialogar com elas desta maneira: "Ah, aí está você de novo. Eu conheço você. Mas agora sou eu que decido se ainda vou lhe dar espaço dentro de mim ou não".

Ao proceder assim, já conseguimos distanciar-nos um pouco. Nós próprias recuperamos um pouco de poder interior já quando identificamos o que não está livre dentro de nós e aceitamos isso como experiência humana normal; mas também quando, ao fazer isso, simultaneamente auscultamos nossa alma em busca de libertação e não cessamos de ir ao encalço dessa libertação.

Como é a libertação?

O passo seguinte rumo à libertação é possível quando ouvimos dentro de nós um chamado, quando dizemos resolutas: "Não quero viver assim! Isso não é o bastante para mim – não é amor o bastante, não é liberdade o bastante, não é vitalidade o bastante! Basta de sofrer! Não posso continuar assim!"

Quando esses pensamentos resolutos afloram em nós, estamos dispostas. O impulso para isso vem ora de nós mesmas, ora de urgências de fora. O padecimento causado por uma doença ou uma situação difícil pode pôr-nos em marcha. Sentimos que precisamos de movimento, que queremos experimentar a vida de maneira nova, por inteiro, e não pela metade. Isso é paixão. É quando o anseio ou o impulso interior são mais fortes do que o medo. Nosso anseio é a intuição de que falta algo elementar em nossa vida. É por isso que nos pomos em marcha. É quando o amor pela nossa vida pesa mais do que nosso medo.

Um passo adiante pode ser um encontro: precisamos de alguém que nos perceba, que olhe dentro de nossa alma e nos conheça mais profundamente do que nós mesmas. Precisamos de alguém que nos aceite exatamente como somos, que nos comunique: "Que bom que você está aqui". Precisamos de uma pessoa que nos indique nossas energias curativas, para que nós mesmas as sintamos e vivenciemos.

Todas nós temos essas pessoas por perto; só precisamos identificá-las. Elas não nos veem com o olhar comprometido por seu passado, mas veem o que há de bom e de forte em nós. E então nós também vemos isso. Isso nos põe de pé. Esses encontros comunicam amor, eles curam.

O encontro que curou Maria Madalena

Maria Madalena conseguiu recuperar a saúde. Na Bíblia consta que ela experimentou a libertação dos seus sete demônios no encontro com Jesus. Não está descrito como isso aconteceu, só está dito que aconteceu.

Podemos ver Jesus como a pessoa sadia por excelência: que não estava possuída por complexos, que não estava dominada por nenhuma carência, porque Ele não vivia com nenhum tipo de medo de não ser amado o bastante. Pelo contrário, Ele vivia na certeza de ser amado incondicionalmente. Tinha essa certeza por estar ligado a uma força espiritual superior, a uma sabedoria intuitiva, a Deus. Essa profunda ligação espiritual lhe proporcionava a clara consciência do que é amor e como ele cura. Por meio dele o amor humano se manifestava em sua forma suprema. Esse é o nosso anseio quando falamos de amor. Queremos experimentá-lo e imitá-lo porque é inerente a nós amadurecer cada vez mais nele.

Em Jesus, o poder de cura estava fundamentalmente direcionado para as relações. Com base em outras narrativas de cura, sabemos como se dava o encontro entre Ele e aquelas pessoas que experimentaram a cura. Ele se voltava para as outras pessoas de modo irrestrito, percebia-as por inteiro, punha-as de pé e as conduzia até a energia que as libertava de suas cadeias. Em sua proximidade, cada qual conseguia ter acesso a si, conseguia tornar-se uma pessoa livre. Isso significava adotar uma nova postura espiritual e sentir, pensar e agir por si mesma. Nesse libertar-se, seu interlocutor experimentava amor, porque só a liberdade possibilita o amor.

Nesse encontro, Jesus também pergunta pela voluntariedade: "Você quer ser curada/o?" ou "O que você quer que eu faça por você?" A vontade livre e a decisão própria de livrar-se eram um impulso decisivo para a cura.

Podemos ver Jesus também como imagem interior, como o eu mais elevado que está oculto em cada pessoa. Precisamos dessa imagem para conseguir transcender a nós mesmos. Caso contrário, giramos em torno de nós mesmos sem crescer humanamente. Jesus equivale à energia de cura que trazemos em nós e à consciência espiritual, mediante a qual podemos reconhecer como nos libertar dos nossos complexos por meio do amor.

Maria Madalena vivenciou esse livramento em seu encontro com Jesus. Ele lhe mostrou um amor bem diferente daquele que ela havia experimentado até aquele momento. Por meio dele, ela experimentou o que é ser aceita incondicionalmente sem ser julgada. Ele não precisa emitir um juízo sobre o que está certo ou errado nela. Ele a viu a partir de outro ponto de vista, a partir de sua perspectiva de empatia humana e a partir de sua sabedoria divina. Ele conseguia ver seus medos e, ao mesmo tempo, amar sua força. Para Jesus, o amor, a aceitação de si mesma, era a única força que poderia libertar Maria Madalena dos seus medos. Quando Ele tocou essa força dentro dela, esta se tornou a força que lhe era própria.

Jesus não fez a ela nenhuma reivindicação de posse nem apresentou expectativa. Maria Madalena deve ter experimentado uma proximidade em que pôde ser inteiramente ela mesma. Esse amor foi salutar, pois seus medos e demônios sumiram. Ela também passou a ser saudável, pois voltou a estar ciente do que ela era no seu íntimo: uma mulher livre e amorosa. A exemplo de Jesus, ela nascera para dar e receber amor – deve ter tomado consciência disso por meio de sua cura. Tudo já estava dentro dela. Só precisou ser despertado por Jesus para que pudesse ver a própria energia amorosa. Ela entendeu que seus demônios eram apenas uma passagem que a levou até um amor maior. Nas proximidades de Jesus, pôde encontrar o melhor de sua capacidade feminina de amar. Isso deve ter lhe dado um novo sentido, pois dali em diante ela deu um novo rumo à sua vida. Isso soa ideal. Será que nós, mulheres, podemos mesmo transpor isso para a nossa vida hoje?

O que nos cura?
Afeição

A primeira coisa que Maria Madalena deve ter experimentado por meio de Jesus é o que significa quando uma pessoa se dedica plenamente a outra. Ele deve tê-la percebido inteiramente, olhado dentro de sua alma e reconhecido quem ela era e como se sentia. Ele conhecia tudo que é humano e por isso podia ter empatia. Mas Ele não fez nenhum julgamento; deixou-a ser quem era. Isso deve tê-la tocado em seu íntimo, pois também nos sentimos desse modo quando temos a afeição de outras pessoas.

Quando uma pessoa olha para nós com esse afeto benevolente, ela sente o que estamos passando; ela vê nossa realidade. Talvez alguém nos encare de modo intenso e nos diga: "Você parece cansada hoje" ou "Hoje você tem um aspecto triste". É só nesse momento que nós mesmas sentimos o quanto de fato estamos cansadas ou tristes. Ou alguém nos diz depois de um período difícil: "Sinto que você está com as energias renovadas". Talvez ainda não estivéssemos conscientes disso, mas o reconhecimento do outro faz com que reconheçamos isso em nós mesmos.

Sentimos a diferença quando alguém nos dirige um olhar avaliador ou olha para nós com pura afeição. Essa cordialidade permite que a outra pessoa nos perceba mais profundamente do que nós mesmos nos percebemos. Por essa via podemos nos conhecer de maneira nova. Alguém chegou à nossa verdade, e isso também pode levar às lágrimas.

Se outra pessoa nos dissesse: "Você tem uma grande força para amar", não passaríamos a senti-la também? Não confiaríamos mais nessa força do que em nossos medos? Isso é um encontro que cura. Ele ocorre pela benevolência fundamental que uma pessoa mostra à outra e pela percepção recíproca que advém da proximidade, enxergando a força da outra pessoa.

Muitas mulheres anseiam por serem vistas dessa maneira. Nesta era digital, na qual o olhar muitas vezes está preso a aparelhos eletrônicos, muitas pessoas perdem o jeito de olhar para a pessoa que está diante dela. O efeito disso é um sentimento de indiferença ou desinteresse. A sensação não é de amor.

Entre essas coisas também pode ser enumerada a vivência de uma mulher, cuja amiga a percebe perfeitamente, mas, ao mesmo tempo, repassa a ela conselhos não solicitados sobre tudo o que ela deveria fazer para mudar sua condição atual. Não permite que ela seja quem é, mas lhe dá lições.

Aceitação

Muitas pessoas sentem falta de alguém que se dirija cordialmente a elas e dê a entender: "Interesso-me pelo que move você e gosto de ouvir o que você tem a dizer". Só o ato de escutar já é sentido por muitas pessoas como afeto caloroso. Elas sentem que alguém está oferecendo espaço para simplesmente estarem presentes com o que as toca intimamente. Elas se sentem aceitas. Num momento como esse, elas sentem amor.

Quando nossa necessidade de afeição é grande, pode ser que se trate da necessidade de sentir mais a nós mesmas. Talvez estejamos interiormente afastadas de nós ou não podemos nem queremos ouvir a nós mesmas. Poderiam aflorar sentimentos desagradáveis, como, por exemplo, raiva, pesar ou abandono, aos quais não queremos dar ouvidos. Não queremos aceitá-los como parte de nós.

Porém, não são só os sentimentos que nos causam dificuldades. Também são as avaliações desses sentimentos. Nós os classificamos em bons ou ruins, em certos ou errados, em doentes ou saudáveis. Em seguida, transpomos isso para nós mesmas: "Não sou certa, não sou boa ou não sou saudável por sentir isso". Nesses momentos, não somos livres. Ainda estamos presas às valorações que assumimos de outras pessoas.

O amor que Maria Madalena experimentou por meio de Jesus era livre de toda e qualquer valoração. Ela foi plenamente aceita. Não havia nada entre eles, nenhum julgamento a respeito dela, nenhuma exigência a ela. Ela deve ter sentido isso como algo libertador.

Jesus amava também o que não era amável numa pessoa. Por meio de nossa consciência mais elevada igualmente podemos alcançar isso. Trazemos dentro de nós as energias salutares para isso; esse fato é libertador. Quando aprendermos a nos tratar dessa maneira acolhedora seremos capazes de encarar as facetas que não são livres. Não precisaremos mais de um julgamento a respeito delas; também fazem parte de nós como muitas outras facetas. Nem saberemos o que é liberdade se não experimentarmos o lado que não é livre. Não saberemos o que é tristeza se não experimentarmos a alegria. Não saberemos o que é raiva se não experimentarmos a suavidade. Faz parte de nossa vitalidade experimentar os próprios antagonismos e viver amistosamente com eles.

Se, pelo contrário, acharmos que devemos nos avaliar ou negar algo dentro de nós ou pôr uma máscara para dar uma boa impressão, sempre haverá uma sensação de esforço em nós. Em contrapartida, sempre sentiremos o ato de aceitar como libertação. Ele distensiona. Ele nos torna verídicas. Podemos, então, até dizer esta frase: "Amo a mulher que sou!"

Se conseguirmos não avaliar nada em nós, permitimos um sentimento que simplesmente pode estar presente. Ele tem uma causa e tem sua razão de ser, e por isso o permitimos: "O que há em mim neste momento pode ser assim".

Em um seminário, as mulheres falaram do efeito que sentiram ao fazer isso: "Eu me sinto muito tranquila", "Agora cessa minha luta interior", "Sinto a aceitação de mim mesma", "Sinto paz dentro de mim". Essa sensação de paz também deve ter sido vivenciada por Maria Madalena. Ela sempre é um sinal de que algo foi curado. Também é um sinal de que nos aproximamos da imagem da mulher livre.

Empatia

A afeição que Maria Madalena experimentou de Jesus veio acompanhada de empatia. O efeito curativo desse sentimento também pode ser experimentado em todo acompanhamento terapêutico. Quem tem empatia comunica um amor que toca a outra pessoa. Nós o experimentamos na proximidade e na sinceridade com que alguém nos faz perceber isto: "Sinto com você o que você está vivenciando agora".

O que uma pessoa nos concede nesse ato é o partilhar da dor ou da alegria. Esse partilhar tira de nós a sensação de solidão que costumamos vivenciar em momentos dolorosos. A empatia da outra pessoa nos mostra isto: "Você não está sozinha. Estou com você". É como se alguém se curvasse para dentro de nossa dor profunda e nos estendesse a mão: "Vejo você. Estou aqui a seu dispor". Isso não nos livra do nosso sofrimento, mas este é visto e sentido por outra pessoa. Só isso já ameniza um pouco a nossa dor. Experimentamos uma comunhão salutar.

Quando somos capazes de sentir com o outro, também dispomos de solicitude. Esta nos torna capazes de perguntar à outra pessoa: "Do que você está precisando para se sentir melhor? Você necessita algo de mim?", ou: "O que deve ser feito?" A empatia se torna concreta na solicitude, pois ela faz com que avancemos e não permaneçamos na dor; ela quer fortalecer e conduzir à vida, pois esta continua.

Os homens muitas vezes demonstram solicitude às mulheres sem primeiro fazer com que sintam sua empatia. Por exemplo, quando uma mulher fala ao seu parceiro a respeito de um conflito, a resposta dele muitas vezes visa uma solução rápida que lhe corresponde. Nesse caso, a mulher geralmente sente falta da simples empatia e da compreensão: "Vejo que isso a está afetando muito". Se um homem fosse capaz de se orientar pelo agir de Jesus, talvez acrescentasse: "O que você quer que eu faça por você?" Uma mulher disse o seguinte a respeito dessa metáfora em um seminário: "É isso mesmo que eu desejaria. Pena que meu marido não é Jesus". Porém, toda mulher pode começar dando ao outro o que ela deseja dele. A repercussão lhe mostrará o que consegue movimentar com isso.

Só conseguiremos ser empáticos com outros se também formos conosco. Saberemos como os outros se sentem porque nós experimentaremos os mesmos sentimentos. Mesmo que a dor ou a tristeza deles forem além da nossa experiência, poderemos sentir com eles. Mas, se tivermos medo dos sentimentos de outros, não poderemos suportá-los com eles.

Jesus podia se afeiçoar inteiramente em sua empatia porque também sabia traçar limites. Isto é uma imagem para nós: a empatia só fortalece o outro quando não nos perdemos na sua dor. Cada qual permanece uma pessoa própria com energias próprias e responsabilidade própria. Isso traz clareza a uma relação.

Conseguir demonstrar empatia por nós mesmos depende do quanto somos amáveis conosco. Podemos nos familiarizar com o sentimento que está presente nesse momento. Se estivermos com raiva, podemos aceitá-la e perguntar: "Quem está provocando essa raiva em mim? O que a raiva quer de mim? O que devo considerar para que ela possa ir embora?"

Nossos sentimentos têm ligação com outras pessoas. É às suas palavras ou ao seu comportamento que reagimos com sentimentos variados. Elas precisam ser consideradas por nós, pois querem ser compreendidas. Quando reconhecemos o que elas querem de nós, elas nos fortalecem.

> Quando uma mulher encarou a sua raiva com o intuito de entender porque ela se manifestara justo naquela situação, ficou claro que a falta de valorização por parte do seu marido a deixava furiosa. Perguntei-lhe como era seu sentimento

de raiva e ela respondeu espontaneamente: "É pura energia". Ela só conseguiu sentir aquela energia por intermédio da sua raiva. Nesse sentido, a raiva era como uma amiga que a ajudou a ver seu marido com clareza e onde desejava ser mais respeitada por ele.

Se conseguirmos ter empatia por nós evitaremos uma autocrítica punitiva. Pois, nesse caso, não nos abateremos logo de saída nem nos culparemos de ser bobas ou inábeis só porque cometemos algum erro. Vemo-nos diante do fato: "Aconteceu comigo. Acontece com outros também. Não estou sozinha nessa. O que me fará bem agora? Preciso de consolo? Quero falar com alguém a respeito? Preciso de apoio? Posso encarar isso com humor?" Em toda situação a empatia conosco é um sentimento afirmador: "Isso de fato agora é difícil para mim. Experimento a dor associada a esse erro. Estou vivenciando o que é sofrer". A empatia deixa a vida ser como ela é. Pode levar algum tempo, mas quando finalmente concedemos que a realidade agora é esta, nossa sensação de estar sofrendo se ameniza. Se resistirmos, também permaneceremos no sofrimento.

Vivenciamos isso, por exemplo, na autocomiseração. Giramos em torno de nós mesmos e cuidamos do "pobre eu": "Por que tudo é tão difícil para mim?" "Por que isso só acontece comigo?" "Vocês precisam ver como estou passando mal!" Não melhoraremos nossa vida com a autocomiseração, mas uma vez ou outra também podemos ter pena de nós mesmos, também podemos ficar tristes e inconsoláveis, alguma vez também podemos achar terrível o que temos de aguentar. Essa é uma forma de empatia conosco mesmos. Precisa haver espaço para a indignação, a raiva e o pesar. Precisamente no pesar às vezes desejamos que nos deixem sem consolo, porque para algumas coisas e algumas perdas na verdade não há consolo. Suportar essa dor, suportar o pesar é uma atitude importante que também leva à liberdade, porque ela não nos dá aquele "empurrãozinho" para que logo voltemos a funcionar de novo e a harmonizar tudo. No entanto, algum tempo depois, é preciso reunir forças para sair desse sentimento e olhar para frente.

Talvez então, passado um tempo, cheguemos à aceitação deste fato: "Eu também sou o que acontece comigo agora. São as minhas experiências. Nesse momento, elas pertencem a mim. Sinto bem o que estou passando e dou ouvidos ao que necessito. Posso lidar com isso. E gosto de quem sou".

Esta última frase é difícil para muitas mulheres, pois geralmente elas não gostam de si mesmas quando estão metidas em uma situação complicada. Nesse momento, elas prefeririam que outra pessoa lhes dissesse essa frase, mas não têm a confiança de dizê-la para si mesmas.

Não estamos habituadas a ser tão cordiais conosco mesmas. No entanto, essa cordialidade nos faria bem. Ela nos tornaria mais brandas, seríamos mais bondosas conosco e irradiaríamos essa bondade. A partir de nós ela reverberaria em outras pessoas.

Todas nós também conhecemos o oposto disso: que as pessoas se tornam duras quando não conseguem mais ter empatia – nem consigo nem com as outras. Sem empatia, elas correm o risco de ferir outras. Elas não sentiram a sua dor nem conseguem sentir a dor que provocam a outra pessoa. Elas se tornam cruéis.

Para Jesus, a empatia era expressão do amor com que tocou Maria Madalena. Ele não perguntou: "O que ganho com isso?", pois a empatia está livre do desejo de receber uma contrapartida. Caso contrário, seria negócio. Esse dar de graça ainda hoje toca as pessoas quando experimentam a empatia de outras. Quantos doam seu dinheiro para suprir a necessidade de outros? Quantos estão a postos para salvá-los quando estão em perigo ou simplesmente estão aí para alguém que sofre? O amor empático transforma o mundo. Ela o torna mais cálido. Nossa capacidade feminina de amar é a parcela com que podemos contribuir. O mundo precisa de mais empatia.

Libertação de complexos

Maria Madalena deve ter vivenciado a libertação dos seus demônios como uma soltura de suas cadeias. Antes disso, ela deve ter se sentido como que amarrada: a pessoas, a circunstâncias de vida, a interditos de sua educação, que a comprimiam. Ela só podia vivenciar essas cadeias na forma de estar tomada por medos interiores e complexos, por uma perturbação de seus sentimentos de querer e não poder que a deixaram doente. Recuperar a capacidade de empatia consigo mesma foi um passo para sentir-se autêntica e viva.

Quando estamos dispostas a dar esse passo e ter empatia conosco, sabemos exatamente o que passamos quando estamos com inveja ou insatisfeitas, quando queremos ser perfeitas ou nos sentimos culpadas. Sentimos o aperto, a pressão ou a falta de paz em nós. Não estamos unidas em nós mesmas. Tampouco somos independentes, pois estamos interiormente amarradas a alguém: a pessoas que nos fizeram experimentar carência e muitas vezes também falta de amor. Nós, mulheres, com frequência nos prendemos por muito tempo a isso e não nos soltamos. Nós mesmas nos impedimos de nos tornar uma pessoa própria; preferimos sofrer a tirar as consequências.

Como lidamos com esse sentimento? Acolhê-lo significaria para nós: ele está aí. Sinto o que ele desencadeia em mim: aperto, abatimento, raiva ou resignação, ou também desejo de livramento. Pois, quando estamos interiormente tomadas por algo, sempre buscamos o outro polo; isto é, a liberdade interior. Buscar essa liberdade dependerá da importância que damos a essa condição de pessoa livre, dependerá de ter medo dela ou de gostar o bastante de nós para realmente querer vivenciá-la.

Também dependerá de ainda termos a noção de como é sentir essa liberdade: Como seria se estivéssemos livres de tensões interiores? Como seria se os juízos de outras pessoas não nos atingissem mais? Como seria a sensação de liberdade se certos comportamentos de outros não nos ferissem mais? Se nos tivéssemos livrado das frases restritivas que nos marcaram por tanto tempo? Quanta força teríamos se tivéssemos superado certos medos ou complexos? Necessitamos dessa ideia de ser livre para que possamos ir ao encontro dela.

> Certa mulher lutou por muito tempo contra os julgamentos desaprovadores de sua avó, profundamente arraigados nela. Quando ela, ainda menina, andava de balanço rindo e cantando alegremente, a avó a repreendia com muita severidade. Essa severidade era ameaçadora para a menina e ela interiorizou isto: "Não estou certa. É errado ser assim alegre e despreocupada". Isso a perseguiu por muito tempo como uma proibição interior, até reconhecer que tudo nela estava certo. O que a tinha ocupado era o medo que a avó tivera da vitalidade. Porém, esse medo não era o seu. Ela conseguiu ver isso de maneira nova. Ela decidiu não mais conceder poder aos julgamentos anteriores sobre ela e reencontrou sua alegria de cantar como bem entendesse, de rir quando tivesse vontade. A despreocupação de sua menina interior estava de volta. Nesse momento, ela se libertou.

Necessitamos da vontade de ser livres e precisamos estar fartas da limitação. Então estaremos determinadas: "Não quero mais isso! Quero ser mais livre! Também vou correr riscos para conseguir isso". Algumas mulheres que participaram de um seminário concretizaram essa determinação, reformulando as frases que antes as restringiam. Em vez de pensar: "Não sou boa o bastante", uma mulher disse: "Sou boa como sou, e para mim isso é o bastante". Em vez da censura anterior: "Não seja tão preguiçosa", outra mulher formulou assim suas frases salutares: "Dou de mim o que posso, e isso é muito. E quero para mim pausas para descansar". Da frase: "O que dirão os outros?" uma mulher extraiu para si estas frases libertadoras: "Gosto do que sou e do que faço. Para mim está bem assim. Não me importo com o que as pessoas falam a respeito".

Toda mulher necessita de tempo até reunir a coragem e a força para se soltar de suas cadeias. Ela sabe qual é o momento e ninguém poderá lhe dizer: "A essa altura você já deveria estar neste ponto!" Faz parte de sua liberdade determinar por si mesma a velocidade das coisas. Pois é ela que tem de suportar os sentimentos associados à sua limitação interior e que ninguém assume por ela. Precisa vivenciá-los até ser capaz de mudá-los a partir de dentro. Uma mulher pode buscar ajuda para trilhar conscientemente seu caminho, mas é ela quem deve dar os passos pessoalmente. E, se decidir não trilhar esse caminho, ela é livre para isso.

Toda mulher experimentou esses momentos de liberdade, nos quais se tornou independente de frases ou padrões restritivos que tinham tomado conta de si. Ela se sente solta e leve, e não é mais determinada pelo que lhe é estranho. É a alegria de ter agido como ser humano interiormente independente. Ela sente amor por si mesma e pela vida.

Ser livre nas relações

O que Maria Madalena experimentou em seu encontro com Jesus foi amor em sua expressão máxima. É como um encontro com o nosso eu superior que sabe intuitivamente o que é a expressão perfeita do amor. Necessitamos dessa imagem ideal, pois só assim conseguiremos nos livrar de experiências sem amor e nos abrir para um amor mais cordial.

Geralmente achamos que, ao escolher um parceiro, encontramos esse amor ideal. A ideia é que o outro se torne a felicidade de nossa vida. Essa ideia facilmente pode nos levar à frustração, porque nenhum parceiro pode nem deve preencher essa demanda de modo tão exclusivo. Permanece a responsabilidade própria de empenhar-se pessoalmente pela própria felicidade.

Se insistirmos na expectativa de que o outro é responsável pela nossa felicidade e que ele deve nos propiciar essa felicidade de uma ou de outra maneira, é mais provável que fiquemos dependentes. Nesse caso, olhamos constantemente para ele, para o que faz ou fala, e se isso combina com a nossa imagem de amor e felicidade. O critério para avaliá-lo é se ele é uma pessoa amorosa ou não e se ele nos faz felizes ou não. Ao agir assim, tornamo-nos mais fiscalizadoras do que artífices da nossa felicidade que também poderíamos compartilhar com o outro.

Supõe-se que Maria Madalena tenha vivenciado por meio de Jesus uma expressão de amor que não continha reivindicação de posse a ela e nenhuma expectativa de como deveria se comportar. Ela foi amada como era.

Quando mulheres dizem do seu parceiro que, na presença dele, podem ser como são de fato, elas vivenciam essa expressão de amor. Elas se sentem livres e experimentam isso como felicidade profunda. Muitos casais experimentam essa felicidade no início de sua relação. Mas a perdem com o passar do tempo. Acabam se imiscuindo expectativas de como ele ou ela deveria se comportar, que coisas ele ou ela deveria fazer e de que maneira. Se isso não acontecer de acordo com as concepções de cada qual, vivenciam decepção, raiva ou frustração. Muitas vezes esses sentimentos se ampliam tanto, que não sobra muito do amor inicial.

Mas é possível não ter nenhuma expectativa em relação ao parceiro? Cada qual não teria de cumprir certos acordos para que a relação seja bem-sucedida? Ela será tanto mais bem-sucedida quanto maior for o desejo de que isso aconteça. Damos o que queremos dar. Quando chegamos a um acordo, fazemos a nossa parte porque decidimos assim. Se essa decisão não servir mais para nós, teremos a liberdade de conversar sobre ela e tomar uma nova decisão. Se soubermos fazer alguma coisa melhor, essa será a nossa contribuição por ser nosso talento ou porque é mais fácil para nós do que para o outro. Ou daremos ao outro algo de nós porque nos agrada enriquecê-lo e vê-lo feliz naquele momento.

Quando convertemos nosso querer voluntário em dever ou em um "você deveria", descontentamento e aperto se instalam dentro de nós. Nesse aperto, começamos a sopesar a contribuição que o outro dá e a que ele não dá. Se não corresponder ao que imaginamos, igualmente o apertaremos com as nossas expectativas. As expectativas originam acusações, destas decorre a irritação. Dali em diante nenhum dos dois se sentirá livre.

Porém, em vez de ficar presos em discussões intermináveis, poderíamos também nos perguntar: "Isso é proveitoso para nós?" Raramente é proveitoso. Em vez disso, podemos dirigir nosso olhar para o que é bom no outro; isso é proveitoso. E, ao mesmo tempo, é libertador.

> Meu marido declarou certo dia que queria contribuir mais com os trabalhos domésticos. Como deveria ter algo a ver com técnica, ele escolheu passar o aspirador de pó. Duas semanas depois, perguntei-lhe, olhando para o nosso assoalho, se não estaria na hora de aspirar o pó. Ele também olhou para o assoalho e

respondeu: "Como assim, não tem sujeira nenhuma?!" Notamos que tínhamos concepções diferentes a esse respeito. Mas, dando risada, encontramos o meio-termo.

Em questões domésticas ou no trato com crianças, as mulheres com frequência têm uma determinada concepção de como o homem deveria ser. Nesse ponto, a maneira distinta de ser do parceiro é pouco valorizada. Facilmente ele é prensado no formato que uma mulher fez para si. Os homens costumam resistir a essa expectativa inconscientemente, preferindo não fazer nada, pois nesse caso também não farão nada errado. Às vezes eles também se tornam prestativos demais para causar uma boa impressão na mulher. No entanto, é raro que consigam isso, pois, nesse caso, é mais provável que as mulheres vejam seu parceiro como demasiado pedante ou talvez até muito infantil.

> Uma mulher contou de sua sensação de acanhamento depois que seu marido se aposentou. Já bem cedo, depois do café da manhã, ele perguntava o que haveria de almoço. Isso sempre a deixou interiormente furiosa, mas nunca disse nada a ele. Ela não fez uso da liberdade de expressar seu desejo ou sua limitação. Preferiu continuar com raiva.

Tolerar essas expectativas e cumpri-las a despeito da revolta interior é pré-programar as tensões na relação. Uma relação não pode ser libertadora enquanto não superarmos nosso acanhamento e não encontrarmos o caminho para uma amplitude em que ambos possamos conviver bem. Se dermos valor a uma boa relação, também teremos a energia para dar esses passos, pois sem nossa ação nada moveremos.

Muitas mulheres experimentam expectativas ou demandas possessivas na sexualidade. O homem possivelmente tem concepções de intimidade física que a mulher percebe de outra maneira. Se ela ceder sem vontade, apenas para realizar as expectativas do homem e depois talvez ficar livre de suas críticas, geralmente ela não se sentirá livre. Pelo contrário, ela se sentirá vazia, ao notar que para o seu marido não se trata dela, mas da satisfação sexual dele. Cada vez menos ela virá ao seu encontro com o passar do tempo; ela preferirá recusar, retrair-se ou inventar desculpas.

Muitos casais não conseguem conversar sobre sexualidade e aclarar entre si as respectivas concepções sobre ela. Para a maioria das mulheres é bem natural não estar sempre com vontade de fazer sexo e, quando envelhecem, talvez não ter mais nenhuma vontade. Para muitos homens, em contraposição, é bem natural sentir um impulso mais forte por proximidade sexual. Ambos têm a liberdade de sentir isso à sua maneira. É possível que encontrem uma maneira boa de lidar respeitosamente com as diferenças. Porém, muitas vezes isso não acontece. A verbalização que falta a ambos e que lhes faria bem nem sempre leva a uma maneira livre de tratar um ao outro.

Quando um dos dois tem de ser conter por inteiro ou além da conta, ocorre um desequilíbrio. Ou quando um comunica ao outro subliminarmente: "Você deve fazer isso para que eu fique feliz", as expectativas silentes pairam entre eles. Elas pesam sobre ambos e com frequência envenenam a atmosfera da relação.

Uma mulher pode se perguntar sinceramente em relação à sua sexualidade: Que tipo de mulher sou eu? O que significa a sexualidade para mim? Ela é importante para mim ou não preciso dela? Do que preciso então? Pode ser que suas concepções não se coadunem com as do marido. Ela também precisa se perguntar se será suficientemente tolerante caso o homem queira viver sua sexualidade de outra maneira.

Se ela quiser viver sem relações sexuais com seu marido, resta perguntar se consegue ter intimidade com ele de outra maneira. Ela conseguirá mostrar-lhe que deseja ser íntima dele, que percebe quem ele é em sua essência? Ela conseguirá ser carinhosa com ele, de modo que ele sinta o calor do seu corpo? Ela conseguirá valorizá-lo e, apesar das fraquezas dele, enxergar o que há de bom nele e reforçar isso? Quando uma mulher não busca mais a proximidade física e emocional com seu parceiro, dificilmente poderá haver vida em comum. Nesse caso, talvez se trate meramente de uma relação de suprimento de necessidades, e ela pode muito bem ser isso se ambos estiverem de acordo. É decisão livre de ambos.

Mulheres que não querem mais ter relação sexual muitas vezes buscam o caminho da espiritualidade. Contudo uma coisa não exclui a outra. O sexual sempre é também espiritual por significar entrega, um transcender a si mesma e um unir-se com a força do outro. Mas cabe à mulher decidir se quer viver isso tanto no nível físico quanto no nível espiritual.

Há homens que esperam tolerância irrestrita de sua parceira quando se trata de compulsão pelo trabalho, higiene, consumo de álcool ou esporte. Nesses casos, as mulheres muitas vezes não se sentem vistas nem estimadas quanto a seus valores. Rapidamente isso desanda em briga sem que o casal encontre uma solução libertadora.

Então, como é possível ser livre na relação? Uma mulher pode se perguntar se consegue mostrar bondade suficiente a ponto de respeitar seu parceiro mesmo que ele não seja nem um pouco perfeito. Ela pode se perguntar até que ponto tolerará seus comportamentos e onde acaba a tolerância. Toda mulher é livre para mostrar seus limites ao seu parceiro, quando seu comportamento não corresponde aos valores dela. Ela é livre para lhe dizer que não quer conviver com tal postura.

Quando ela lhe pergunta qual poderia ser sua contribuição para que uma boa convivência seja exitosa nesse ponto, ela lhe proporciona um espaço de liberdade para decidir, em vez de impor-lhe prescrições. Porém, uma resposta possível da parte dele também pode significar que ele não quer mudar nada. Nesse caso, é a mulher que pode mudar algo. Ela é livre para dizer-lhe que valores são importantes para ela e como ela se sente quando eles não são respeitados. Uma mulher que se afirma sem precisar de acusações e justificativas para isso irradia liberdade.

Um homem muitas vezes só chega a sentir a necessidade de transformação quando confrontado com consequências claras. Ele ficará mais ágil quando a mulher, por exemplo, não lavar sua roupa nem fizer compras, como se isso fosse a coisa mais natural do mundo. Ela pode lhe revelar a unilateralidade que fica evidente quando ele não a leva a sério. É possível que só assim ele entenda como esse valor é importante para ela. Há mulheres que receiam tirar consequências claras e preferem suportar a situação insatisfatória.

Quando o parceiro não aproveita as chances e não dá um passo sequer ao encontro dela, é de se perguntar se o que os dois estão vivendo ainda pode ser chamado de relação ou matrimônio. Isso também pode significar o reconhecimento de que se esperava algo do parceiro que ele nem tem para dar. Dependendo do que se reconhece nesses casos, a consequência última pode ser o rompimento dos laços que os unem.

> Uma mulher de 78 anos de idade contou que, por muito tempo, se debateu com o fato de não ter uma troca real com seu marido. O que ela podia ter com ele não passava de conver-

sas irrelevantes. Mas ela ansiava pela troca intelectual. Certo dia surgiu em sua localidade um grupo de desenho e, como desenhar era seu *hobby*, ela foi participar. Ali ela encontrou as pessoas com as quais ela pôde conversar sobre tudo o que achava importante. Ela sentiu uma vitalidade que há anos não sentia. Depois desse encontro, foi mais fácil para ela deixar seu marido ser como era. Ela não esperou mais que ele lhe proporcionasse algo que ele não podia lhe dar. Pelo contrário, ela lhe proporcionou algo da vitalidade que ela obteve da troca com outras pessoas.

Muitas vezes se passa muito tempo até que uma mulher descobre que, ao estar com outra pessoa, renunciou a grande parte de sua individualidade. É de se supor que ninguém pediu isso dela, que fez isso por iniciativa própria. Constata-se em muitas mulheres a disposição de colocar seus interesses em segundo plano em prol da relação ou assumir uma responsabilidade que nem precisa ser delas. Desse modo, a relação perde o espaço de liberdade, no qual cada um dos parceiros pode se vivenciar como pessoa própria também sem o outro. É justamente a autonomia dos dois parceiros que enriquece uma relação.

Outras mulheres preferem nem assumir uma relação ou receiam fazer isso porque acham que assim se privarão de sua liberdade. Nesse caso, sua relação se torna uma amarra, mais do que um ganho. Assumir uma relação voluntariamente também equivale a estar disposta a crescer pessoalmente por meio dessa relação. Equivale a experimentar-se na própria capacidade de amar e, fazendo isso, reconhecer seus limites, fazer acordos, extrair o melhor do outro e de si mesma e encontrar satisfação nisso. Equivale a amadurecer com os altos e baixos da convivência e cuidar de curar as próprias feridas que o outro tocará dentro de nós.

> Certa mulher brigava constantemente com o seu marido por valorização. Ao fazer isso, ela pensou muitas vezes em pedir a separação, mas reconheceu que não é uma mulher que quer viver sozinha. Ao mesmo tempo, ela sentiu que tampouco gostaria de sobrecarregar seu marido com uma separação. Ela sabia instintivamente que isso o demoliria. Ela decidiu livremente permanecer na relação. Essa decisão voluntária lhe proporcionou um novo ponto de partida. Ela sabia: "Estou aqui porque quero estar aqui, porque tenho algo a aprender para a minha personalidade. Quero extrair mais amor de mim mesma e ver o que conseguirei com isso". Ela se libertou da expectativa de que o outro teria de valorizá-la primeiro para que ela pudesse fazer isso.

Nas relações, sempre encontraremos também os demônios do parceiro. Sem ter consciência disso, resvalaremos para dentro dos seus complexos. Porém, assim que os identificarmos, poderemos dar um retorno ao parceiro. Feito isso, é responsabilidade dele reagir abertamente ou recusar-se a fazê-lo. Nós só permaneceremos livres se não nos deixarmos enredar nem nos apequenarmos. Para isso é preciso que fiquemos atentas e tracemos limites claros. É preciso também confiar que o parceiro lide a seu modo com seus complexos e conceder-lhe pacientemente o tempo necessário para isso. Ademais, é preciso demonstrar respeito quando o parceiro não conseguir mexer na sua dor mais profunda. Isso só será possível se o complexo do parceiro não tiver traços destrutivos. É basicamente libertador em toda relação quando o parceiro consegue se livrar dos seus demônios. Porém, isso não pode ser exigido. É preciso haver a vontade própria de agir por si mesmo e pela parceria.

Nem a mulher nem o homem são uma posse. Cada qual é uma pessoa com quem estabelecemos voluntariamente uma relação. Se um dos dois não quiser mais continuar nessa relação, o outro geralmente vivencia a separação como abalo psíquico. É preciso haver a capacidade máxima de amar para deixar o outro seguir livremente o caminho que escolheu. Muitas vezes demora muito até uma mulher aceitar que ninguém tem a posse do outro ou direito ao seu amor. O amor permanece um presente e esse presente só pode ser dado voluntariamente.

Porém, também podem surgir formas bem novas de relação. Após uma separação ou da morte do parceiro, as mulheres muitas vezes ainda querem, por exemplo, uma relação com homens ou mulheres, em que experimentem enriquecimento, mas também possam viver a certa distância. Nesse caso, o que lhes importa não é mais uma relação sexual, mas uma troca ou empreendimentos em conjunto e, ao mesmo tempo, um lugar em que possam estar a sós. No caso dos homens, também existe essa necessidade de outras formas de relação e, sendo assim, ambos podem sair ganhando. Um homem expressou isso assim: "Não preciso mais de sexo; preciso de amor e quero dar amor".

Toda mulher se sente bem quando emite seus sinais de amor totalmente a partir de si mesma por querer isso. Ela não faz isso depender do comportamento do parceiro ou de outros, mas o faz porque quer aproveitar sua liberdade para criar muitos momentos de amor. Ela sabe que desse modo consegue alguma coisa.

Um sábio monge disse sobre isso em tempos idos: "O amor reitera; quero que você se sinta bem comigo". Essa frase é simples e clara e instantaneamente pode nos fazer assumir a postura de fazer o bem ao outro.

Ser livre com outras mulheres

A respeito de Maria Madalena ainda se conta na Bíblia que, depois de sua cura, ela seguiu Jesus com seus discípulos e outras mulheres. Dentre as mulheres, Maria Madalena é a única que é chamada pelo nome. Ela dever ter desempenhado um papel especial, pois também foi a que mais ficou impressionada com Jesus durante o encontro com Ele. Ela experimentou pessoalmente como seu amor é libertador. Após sua cura, Maria Madalena não pôde mais retornar à sua vida antiga, mas só pôde e quis ficar perto dele. Em nenhum outro lugar, ela se sentiu tão aceita e livre, experimentou uma calidez e um amor tão salutares quanto os que vivenciou por meio de Jesus. Ela compreendeu da maneira mais profunda possível o efeito do seu jeito de amar.

Jesus representa um despertar interior, uma nova atitude espiritual. Por meio de sua cura, Maria Madalena chegou a uma nova consciência passando pelo amor. Então ela pôde se guiar e fazer com que outros a sentissem na relação interpessoal. As mulheres que a acompanharam também devem ter sentido isso. É de se supor que tenha sido vista pelas demais mulheres como líder espiritual, senão não teria sido chamada particularmente pelo nome.

Cada uma de nós pode ser líder à sua maneira, pois uma mulher que entendeu o quanto afeição, empatia e valorização são libertadoras e edificantes não precisa mais de rivalidade e ciumeira. Ela é livre para aprender de outras mulheres, está aberta para sua diversidade e se deixa enriquecer por ela. A força de outras mulheres não a ameaça e pode alegrar-se com ela. Há muitas que, devido à sua liberdade interior e cordialidade, vão ao encontro de outras mulheres desse modo, incluindo-as em uma convivência valorizadora.

As mulheres muitas vezes desejam ter relações com outras que não estejam sobrecarregadas de complexos, mas marcadas pelo desejo de fortalecer-se e enriquecer-se mutuamente. Elas desejam rir ou passar maus bocados juntas, desenvolver ideias juntas e convertê-las em ações. Elas desejam comunhão feminina, porque inconscientemente sentem que esta as fortalece e ao mesmo tempo anima. Em muitos casos, é isso mesmo que acontece e elas sentem isso como presente e como felicidade.

Porém, assim que fortes complexos repercutem na relação, manifesta-se o pensamento competitivo, a inferioridade ou a inveja mútuas. Isso acaba dificultando as relações. Então as mulheres perdem a confiança para falar abertamente, porque temem depreciações ou inveja. Elas talvez também percebam intrigas que as ferem de modo especial.

As mulheres costumam ter um molde no qual forçam as demais a caber e, quando alguma não cabe no molde, elas emitem juízos sumários. Elas então sentem prazer em insistir nos seus preconceitos e fazem a mulher em questão sentir sua rejeição.

As mulheres sentem esse modo de se relacionar entre si como limitante e opressivo. E é isso mesmo, pois não se trata de uma expressão da liberdade feminina. Ele manifesta, antes, baixa autoestima que se pretende melhorar trunfando outra mulher.

Uma mulher que se sente livre de sua inferioridade não precisa mais se justificar por ser como é ou por agir com age. Ela o faz porque isso combina com ela. Ela também é livre para decidir se quer ser envolvida no pensamento competitivo de outras ou se diz para si mesma: "Vejo o que está havendo, mas não quero entrar nessa. Vou ficar na minha". Talvez, nesse entorno, ela consiga permanecer fiel ao seu valor pessoal de convivência feminina.

Às vezes, quando pensam ter vivenciado suas mães como fracas e seus pais como fortes, as mulheres podem tender a se sentir mais próximas do masculino e rebaixar o "tipicamente feminino". Muitas vezes este lhes parece estranho. Desse modo, elas podem se associar inconscientemente a padrões patriarcais que depreciam o feminino em vez de respeitá-lo. Nesse caso, as mulheres dizem com bastante frequência que conseguiriam relacionar-se melhor com homens do que com mulheres. Na maioria das vezes, elas fazem a experiência de que o comportamento de algumas mulheres lhes deu a impressão de ser fraco ou as ofendeu.

Falta a algumas também a capacidade de se colocar no lugar, por exemplo, de uma mulher sem filhos. Elas talvez fiquem o tempo todo falando sobre suas crianças sem perceber que à mesa há uma que não tem crianças e vivencia esse fato como doloroso. É preciso ter empatia e respeito para lidar mais atentamente com as diferentes expressões de vida das mulheres.

Quando pressionamos outras com nossos sentimentos de inveja e inferioridade, mostramos que ainda não somos livres nesse ponto. Nós as enredemos em nossos complexos, embora nada tenham a ver com eles. Talvez acreditemos inconscientemente que assim estamos nos livrando desses complexos; na verdade, nós os estamos multiplicando. Pois as outras mulheres também se sentem privadas da liberdade, a não ser que de imediato sejam capazes de traçar limites.

Em contraposição, as mulheres se sentem soltas e bem quando podem se portar com toda naturalidade na presença de outras. Isso acontece quando não precisam temer ser criticadas ao expressar sua individualidade ou sua força.

É libertador quando uma mulher tem a coragem de olhar-se no espelho e perguntar a si mesma como se sente quando é avaliada por outras pessoas. Também é libertador quando ela admite que ninguém é responsável por seu complexo além dela mesma. Quando ela consegue apreciar outra mulher em vez de taxá-la, nesse momento ela terá se libertado do seu demônio. E não só isso, ela terá prestigiado outra mulher. Nesse momento, ela transforma algo em si mesma, ela transforma algo na outra mulher e transforma algo no mundo.

Toda mulher espera não ser estreitada com expectativas em suas relações com outras pessoas. Expectativas nunca são sentidas como libertadoras. Alguém espera que façamos algo bem determinado ou que nos comportemos de determinado modo. Se cumprirmos essa expectativa, a amiga ou a mãe talvez fiquem satisfeitas, mas, se não cumprirmos, geralmente seremos confrontadas com sua decepção. Por exemplo, se uma mulher nos convidar para ir ao cinema com ela e dissermos que não, às vezes teremos de ouvir a crítica: "Você nunca tem tempo!" Ninguém se sentirá bem com observações como essas, porque uma delas descarrega sua irritação e a outra supostamente a aceita. Ela só ficará livre disso se estiver ciente de que não é responsável pela reação da outra.

Não são poucas as pessoas que têm dificuldades de relacionar-se pacificamente com outras pessoas. Um prenúncio disso pode ser o fato de uma mulher ter uma relação difícil com sua mãe ou talvez ter uma irmã com a qual não está em paz. Está quase pré-programado que ela descarregará sua irritação contida em outras pessoas que encontrar. Então, é possível que ela esteja o tempo todo em posição de ataque, por recear inconscientemente um ataque da parte de outros.

Às vezes só a distância nos livra de não sermos enredadas no complexo dos outros. Também pode ser libertador colocar-se em outro nível e dar à outra pessoa aquilo que ela supostamente deseja no seu íntimo. Toda pessoa deseja ser apreciada pela outra. Para isso, ela necessita de uma nova percepção para aquilo que ela também é além do seu comportamento difícil. Não é doloroso dizer-lhe isso sinceramente; isso pode erguê-la e lhe dar o sentimento de que está sendo vista. Possivelmente ela não aceitará a valorização, se estiver demasiadamente presa em um complexo. Contudo, não é decisivo como ela reage a isso, mas quais são os sinais valorizadores e benevolentes que partem de nós.

Nas relações entre mãe e filha, a libertação de complexos com frequência não é experimentada. Muitas vezes, há expectativas e mágoas demais que se interpõem. No entanto, a liberdade de uma mulher começa em sua relação com a mãe. Pois nela se mostra quanta individualidade uma concede à outra ou se uma enquadra a outra em suas concepções de boa mãe ou boa filha.

Toda mulher só pode viver sua maternidade em conformidade com o seu caráter e seu entorno pessoal. Seu ser mãe é sempre limitador. Às vezes esses limites são tão estreitos que a filha percebe pouco amor. Isso pode se converter em crítica permanente à mãe ou em apego constante à mágoa. Às vezes, nesse processo, ela rejeita a missão própria de encontrar pessoalmente esse amor que desejaria ter recebido da mãe. Pois o anseio pela boa mãe também é o anseio de tornar-se pessoalmente mais perfeita na própria capacidade de amar. Esse é o caminho do amadurecimento de toda mulher, que lhe foi legado pela sua relação com a mãe. Se puder dizer sim a isso, ela se sentirá cada vez mais livre nesse processo.

Uma mãe que pressiona sua filha com determinadas expectativas ou acha que ela é posse sua não lhe comunica nada do ser livre. Ela gerou essa filha, provavelmente lhe concedeu amor e solicitude, comunicou-lhe a linguagem, os valores e as capacidades. Quando reconhecer que sua filha adulta no fundo é capaz de gerir sua vida, ela terá cumprido sua missão de mãe. Se, além disso, sentir que tem boa sintonia com ela, ela pode ser grata e se alegrar com isso. Mas ela não tem o direito de exigir que seja assim. Toda filha é uma pessoa própria com caráter próprio e pode constituir sua vida a seu modo. Ela não precisa continuar vivendo pelos valores da mãe e não precisa, a qualquer custo, permanecer ligada a ela.

Isso é doloroso para muitas mães, porque elas anseiam por uma boa relação com sua filha. Na maioria das vezes, elas se sentem impotentes e tristes porque percebem que não podem fazer nada. Pode se tratar perfeitamente da impotência sentida anteriormente como filha e que agora se transpõe para a mãe. Nesse caso, ela sobrecarrega a mãe com o complexo que ela ainda não conseguiu resolver.

Isso pode ser experimentado do mesmo modo no sentido inverso, ou seja, uma mãe rompe o contato e a filha tem um sentimento similar. Quando as mães deixam a relação, na maioria das vezes elas temem as atribuições de culpa ou simplesmente não se sentem à altura da força da filha.

É importante saber que a filha ou a mãe está presa em um medo ou em um complexo inconscientes. Toda mulher experimenta em si mesma quanto tempo poderá demorar até que eles se resolvam. Pode ser sinal de grandeza interior mostrar empatia ou compreensão por isso. Também o ato de conceder liberdade por parte da mãe ou da filha, conceder à outra o próprio processo, é um ato de grandeza. Expressão de alta capacidade de amar é renunciar à expectativa de que mãe e filha devem ter uma boa relação. Nem sempre se conseguirá ter uma boa sintonia, mesmo que ambas pudessem se sentir fortalecidas por isso. Se uma das duas não quiser isso, essa decisão deverá ser respeitada pela outra. Precisa haver o ato de desistir da própria concepção de como deveriam ser as coisas.

Nessas situações, uma mulher vivencia também a postura irreconciliável da filha ou da mãe. Ela pode acolher isso como inspiração para seu jeito de ser conciliadora consigo mesma. Se estiver em paz com o modo como conseguiu ser mãe ou filha, com o que não tinha para dar, ela não será mais suscetível de sentimentos de culpa.

Às vezes os caracteres das pessoas simplesmente são díspares demais para estarem próximos. Então permanece apenas a aceitação de que as coisas são como são e, em vista da diversidade das mulheres, também podem ser assim. Quando mãe e filha não se coadunam, cada uma delas fica livre para decidir por si mesma: "Aqui e agora posso mostrar a outras mulheres do meu entorno a cordialidade que trago em mim". Ela não espera pela filha ou pela mãe; ela dá porque quer dar. E também pode aceitar de outras mulheres, pois há outras "mães" ou outras "filhas", com as quais se pode viver uma boa relação. Desse modo, ela se liberta da dependência emocional, na medida em que não faz sua felicidade depender do comportamento da mãe ou da filha.

Mulheres que conseguiram se libertar de complexos, costumam irradiar largueza e cordialidade, tolerância e empatia e desse modo enriquecem toda mulher. Elas não interpõem nada que as separe de outras; elas vivem sua ligação com elas. Muitas mulheres fortalecem e apoiam outras e as encorajam a buscar mais liberdade. Ao fazer isso, elas são como guias espirituais. Elas fortalecem decisivamente o feminino no mundo, segundo o exemplo vivido por Maria Madalena.

Libertação do rigor

De muitas formas, ainda carregamos dentro de nós padrões do modo patriarcal de pensar dos quais temos pouca consciência. Eles nos parecem óbvios, de modo que praticamente não os questionamos. Um desses padrões é que, muitas vezes, somos muito rigorosas conosco mesmas. Embora o nosso corpo feminino expresse certa suavidade já em sua forma, nós tratamos a nós mesmas com pouca brandura.

Por exemplo, "você deve" é uma palavra que sempre já nos foi familiar e o é até hoje. Dependendo da imagem vigente de sociedade, as mulheres são associadas a certas expectativas: "Você deve se comportar dessa maneira! Você deve se adaptar a isso! Você deve preencher essas expectativas!" Por trás desse "você deve" há uma ameaça velada: "Se você não cumprir isso, você não é boa o bastante, não é amável o bastante, não combina conosco".

Nós talvez tenhamos interiorizado isso de tal maneira que passamos a dizer para nós mesmas: "Eu devo!" Isso se refere hoje de modo especialmente enfático ao desempenho que mostramos. É por ele que com frequência somos avaliadas. O grau de exigência na profissão e na família se elevou. A tentativa de se colocar à altura dele com frequência nos faz dizer esta frase: "Eu devo conseguir isso!" Caso não consigamos satisfazer essas exigências, pode haver um receio dentro de nós de não sermos reconhecidas ou de sentir-nos fracassadas.

Na maioria das vezes, não temos consciência dos motivos próprios. Geralmente tampouco temos consciência do rigor que impomos a nós mesmas para preencher essas expectativas.

Há uma diferença entre agir por impulso interior no sentido do "eu devo fazer isso" e fazer as coisas movidas por um sentimento mais livre: "eu quero fazer isso". Quando realmente queremos, procuramos alcançar uma determinada meta – movidas pela alegria de fazê-lo, pela ambição ou por impulso próprio. Procedendo assim, mostramos força de vontade e disciplina, porque também precisamos estar interiormente em ordem para isso.

O rigor é mais insensível: nele, muitas vezes somos duras demais conosco mesmas. Isso nos estreita. Nós recusamos algo que faz parte de nossa essência mais íntima. Em vez disso, tentamos nos enquadrar numa moldura que não serve para nós. Porém, não nos permitimos a liberdade de ser mais brandas e empáticas conosco.

Os mandamentos interiores
"Eu devo!"

Quando somos rigorosas no trato conosco, muitas vezes carregamos mandamentos interiores conosco. Eles nos ditam o que devemos fazer ou como devemos ser. A partir desses mandamentos dizemos para nós mesmas com frequência: "Eu devo, não me é permitido, não posso!"

> Uma mulher estava muito contente com seu trabalho profissional até que veio um novo chefe. Este tinha de provar que era capaz de ocupar esse posto. Ele queria concretizar muitas ideias e, por isso, exigia cada vez mais dela. Não era possível dar conta do trabalho no tempo estipulado e, por isso, houve um acúmulo de horas extras. Ela perdeu a alegria de cumprir sua tarefa e se sentiu sobrecarregada. Porém, a exemplo do seu chefe, ela achava que devia provar que conseguia fazer tudo. Mas a sensação básica era esta: "Só estou mais funcionando". Ela não viu nenhuma outra saída para si mesma. Como empregada

mais antiga, ela tinha medo de ser despedida por primeiro caso admitisse seus limites. Então, uma colega mais jovem confrontou corajosamente o chefe em uma conversa, dizendo-lhe que não podiam trabalhar mais do que isso e que todos ficariam doentes se a coisa continuasse do jeito que estava.

O "ter de funcionar" acompanha muitas mulheres. É como se fosse uma norma interior pela qual elas acham que têm de se guiar quando são confrontadas com altas exigências. Muitas vezes elas não veem alternativa para isso. Além disso, nem toda mulher pode reduzir sua jornada de trabalho para recuperar o espaço para si mesma. O que ela pode, porém, é não se tratar com tanto rigor e desamor dentro do próprio sistema.

Muitas mulheres estão hoje tão engajadas profissionalmente quanto seus parceiros. Porém, no momento em que adentram a esfera doméstica, geralmente assumem a maior parte do trabalho doméstico ou do cuidado com as crianças. Quando fazem isso porque gostam, porque corresponde à sua inclinação natural ou por ser uma compensação, então isso acontece por decisão livre. Com frequência, porém, mulheres e homens ainda estão atuando dentro de papéis antigos, nos quais se espera que principalmente a mulher seja responsável pelo cuidado doméstico. Hoje em dia, cada vez mais casais rompem com esses papéis, mas ainda estão firmemente ancorados em muitos deles. Nesse caso, as mulheres se esforçam por continuar correspondendo a esse papel e assumem inclusive as tarefas que poderiam ser divididas. Contudo, com frequência esse papel é a causa de conflitos abertos ou velados, nutre o rancor interior ou leva à sobrecarga.

Muitas vezes as mulheres sentem o conflito interior, mas, apesar disso, acabam decidindo ser rigorosas consigo mesmas. Às vezes simplesmente lhe falta a energia para travar um conflito constante com o parceiro, quando este não consegue ou não quer enxergar a própria responsabilidade. Muitas vezes também falta a clareza quanto ao que elas próprias querem como mulheres. Às vezes parece mais fácil seguir o modelo antigo do que desenvolver um próprio.

> Certa mulher sustentou esse rigor consigo mesma por muito tempo, até que seu corpo não aguentou mais. Ela tinha quatro crianças, ajudava no trabalho agrícola da sua propriedade rural e havia cuidado do seu pai e de sua mãe doentes até a morte destes. Quando sua sogra passou a necessitar de cuidado permanente e, de acordo com o contrato de herança, ela e seu marido se tornaram responsáveis por cuidar dela, ela sentiu o peso dessa incumbência. Tratava-se do pai e da mãe do seu marido, mas pareceu natural que ela, como mulher, deveria assumir sozinha a incumbência do cuidado. Ela se esforçou por dar conta da tarefa e dizia para si mesma a cada manhã: "Eu devo conseguir!" Ela se privou cada vez mais de coisas que lhe proporcionavam alegria e sua vida se tornou acanhada. Na medida em que seu esgotamento aumentava, ela

foi reconhecendo que precisava desembarcar desse sistema rigoroso. Ela não queria que alguma doença a obrigasse a fazer isso. Ela foi a única mulher no seu povoado que tomou a liberdade de contratar adicionalmente um cuidador especializado. No início, as avaliações no povoado foram negativas, até que outra mulher teve a coragem de recorrer ao mesmo serviço.

Na sociedade, somos constantemente confrontadas com esse "dever". Todo dia lemos a respeito de diversas autoridades que nos dizem como deveríamos viver. Elas nos indicam quais alimentos deveríamos comer; quanto a isso, hoje são estes e amanhã aqueles os "corretos". Elas igualmente nos dizem que esporte deveríamos praticar, qual deveria ser nosso peso ideal ou que tipo de moda deveríamos acompanhar. Confiar nas competências de outros nos fortalece em certas esferas. Porém, se, ao fazer isso, perdemos a nossa competência e deixamos de confiar nela, passamos a ser tuteladas. Quando isso acontece, praticamente não arriscamos mais tomar decisões próprias e fazer nossas experiências com elas. Dependendo de como terminam essas experiências, alguém pode dizer: "Você mesma é culpada disso!"

Sentimos rigor nas atribuições de culpa feitas por outras pessoas e bastantes vezes deixamo-nos capturar por esse rigor e o voltamos contra nós mesmas. Em tais situações, podemos nos lembrar de que somos livres para pensar e agir autonomamente. Mesmo que às vezes possa demorar bastante até que façamos uso dessa liberdade, o decisivo é que façamos uso dela.

"Não me é permitido!"

Nós, mulheres, somos especialmente rigorosas no juízo a respeito de nós mesmas. Quando cometemos um erro, com frequência reagimos como uma juíza interior que nos proíbe de cometer qualquer erro. Mas os erros fazem parte de nossa condição humana; nem podemos viver sem eles. Aprendemos e crescemos com eles, podemos nos tornar humildes por meio deles, só que, na hora de emitir um juízo, não queremos ver isso. O crítico dentro de nós pode ser impiedoso.

Com frequência o rigor em nosso juízo tem origem no sentimento de inferioridade. Acreditamos que as outras pessoas não nos considerem boas ou amáveis o bastante devido aos nossos erros. O rigor geralmente provém de uma imagem ideal elevada, que não nos concede a possibilidade de errar. Quando isso é assim, muitas vezes somos mais compreensivas com os erros dos outros do que com os nossos.

Nas relações, fatalmente toparemos com nossos pontos fracos. Quando outras pessoas chamam nossa atenção para eles, muitas vezes reagimos rejeitando-as ou apresentando justificativas. Quando o mandamento interior nos impõe: "Não posso cometer erros", responderemos aos outros: "Mas eu só fiz..." ou "mas eu só quis..." ou "não fiz nada errado". Assim que nos livrarmos desse mandamento, poderemos dizer com toda liberdade: "É verdade. O que eu fiz não está certo. Posso corrigir isso".

Quando conseguimos proceder assim, mostramos grandeza. Também mostramos autoconsciência de que os erros fazem parte de nós e não diminuem o nosso valor. Acima de tudo, mostramos cordialidade, sendo simplesmente humanas e acolhendo-nos dessa maneira.

Nas relações, imediatamente é fácil sentir esse assumir a si mesma. Quando isso acontece, podem cessar as acusações e as justificativas. A sinceridade tira a agudeza do conflito. O rigor do "não posso cometer erros" pode se transformar em bondade para conosco, a partir da qual dizemos: "Posso ser humana". Então também podemos tratar outras pessoas com a mesma bondade e ser cordiais com elas.

Isso faria bem a muitas crianças hoje quando se trata de seu desempenho na escola. "Você não pode cometer erros" ou "você deve ser capaz de fazer isso" dão a sensação de ameaça que paira sobre elas. O medo do pai e da mãe de que as crianças não consigam acompanhar essa sociedade centrada no desempenho ou de que eles sejam considerados maus pais e más mães costuma fazer com que comuniquem esse medo às crianças. Ele gera pressão e isso muitas vezes intoxica as relações entre pai/mãe e crianças. Sob pressão, geralmente não se veem mais as capacidades das crianças nem se levam mais a sério suas limitações. A personalidade delas é sacrificada à pressão da sociedade pelo desempenho. Na medida em que se libertam disso, pai/mãe conseguem olhar para a sua criança de maneira nova e mais amigável: quem é essa criança, quais são seus talentos, no que ela tem facilidade e o que não combina com ela? Se nós mesmas não nos submetermos constantemente ao rigor da sociedade centrada no desempenho, as crianças também terão uma chance de trilhar seu caminho com mais liberdade e sentir mais cordialidade. Assim que passarmos a nos tratar com mais brandura, também trataremos os outros da mesma forma.

> Certa mulher acreditava ter cumprido suas tarefas para com a família e antevia com alegria um período de vida novo e mais livre. Então ela identificou no marido os sintomas de demência incipiente, o que lhe foi confirmado por um médico. Ela ficou chocada e, ao mesmo tempo, furiosa. Ela viu desaparecerem os planos que havia traçado para a nova fase de sua vida. Apesar de toda a empatia por seu marido, manteve-se nela a irritação por estar novamente tão amarrada e não poder fazer o que queria. Assim que sentia essa irritação, ela tentava combatê-la e se proibia de senti-la. Ela repetia para si mesma: "Você não pode ter esses sentimentos agora! Fique feliz por ainda ter o marido e pergunte-se como ele está passando!" Apesar disso, os sentimentos de raiva continuavam presentes e ela se sentia culpada de tê-los.

Essa mulher queria viver, ao lado da solicitude, mais alegrias próprias, mais liberdade e espontaneidade. Sua raiva lhe mostrou que, até aquele momento, ela tinha dado pouca atenção a isso. Ela estava com medo de não poder viver isso novamente. Mas o que não tinha permitido que ela fizesse isso a contento até ali foi seu mandamento interior e a imagem de mulher que assumira. A raiva a ajudou a reconhecer isto: "Também quero viver! Quero valorizar mais as minhas carências para que eu possa valorizar igualmente o meu marido". Ela reconheceu que, se não fosse assim, dificilmente daria conta da situação iminente.

Devido à educação que recebemos ou a imagens da sociedade adotadas por nós costumamos nos desfazer de sentimentos que não eram ou não são desejados. Nesse caso, nós mesmos tomamos a rigorosa decisão: "Não posso ter esses sentimentos". Apesar disso, eles estão dentro de nós e nos dão um sentido. Eles apontam para algo que quer viver em nós. É nossa decisão atentar para aquilo que gostaria de ganhar vida em nós.

Nós mesmos determinamos a que mandamentos interiores nos submetemos e por quanto tempo. Às vezes mantemos o rigor em relação a nós mesmos até que se intensifique o anseio por mais amplidão e mais brandura. Então o lado cordial dentro de nós se torna mais forte do que o lado imperativo.

"Não posso!"

Há muitas versões desse mandamento. Às vezes, falamos essa frase para nós mesmas porque nos cremos incapazes, cremos não poder fazer algo. Nesses momentos, não confiamos ser capazes de algo, talvez nos comparemos com outras pessoas ou não acreditamos poder nos superar. Às vezes, "não posso" significa "não quero". Quando uma mulher diz que não pode usar um computador, é de se supor que naquele momento ela não possa. Mas ela poderá, se quiser. Se não quiser, talvez não seja suficientemente importante para ela. Ela não precisa disso para sua vida, o que é decisão exclusiva dela.

"Mas eu não posso" é uma frase que as mulheres falam com frequência quando se trata de convenções. Elas gostariam muito de romper com algumas coisas, mas temem consequências negativas. Elas poderiam ter de ouvir avaliações ou experimentar incompreensão, com as quais acham que não conseguem lidar bem.

> "Detesto esse período pré-natalino!", disse-me certa vendedora em uma loja. Tanto na profissão quanto na vida privada, esse período era para ela cheio de correria e estresse. Ela sentiu o estresse porque interiormente queria fazer algo diferente do que tinha de fazer exteriormente. Ela achava que tinha de aceitar as exigências profissionais nessa época e que tampouco conseguiria mudar nada nas tarefas familiares. Ela ansiava por mais tranquilidade, mas assim que levava esse anseio a sé-

rio, logo emitia esta frase: "Mas eu não posso decepcionar minha família e querer que ela celebre este Natal de uma maneira diferente do que sempre fizemos. Temos nossa tradição e quero me ater a ela, mesmo que eu esteja muito cansada".

Tradições familiares também podem ser mantidas sem que a mulher da família seja a principal responsável por isso. O rigor aparece quando uma mulher se sente a única responsável por isso, mesmo podendo delegar tarefas.

Muitas vezes, nós nos enquadramos à força em uma imagem de falta de liberdade feminina, embora tenhamos a liberdade de dizer claramente do que precisamos e o que não queremos. Nós, porém, não fazemos uso dessa liberdade. Isso deixa a nossa vida mais acanhada do que precisa ser. Nós nos libertaremos desse rigor, quando aceitarmos a nós mesmas e assumirmos a responsabilidade pelo nosso agir.

Certa mulher jovem falou que às vezes deseja romper com as prescrições autoimpostas: "Mas eu não posso pôr um vestido vermelho, quando todos em nossa firma se vestem com cores escuras!", pensava ela. A forma da roupa não estava prescrita, mas a regra era adaptar-se à aparência usual. Ela achou que com um vestido vermelho ela imediatamente chamaria a atenção e atrairia os olhares dos homens. Ela temia que com seu vestido pudesse enviar sinais eróticos e os homens pudessem entender mal.

Um homem que tem o costume de testar os limites das mulheres não fará isso depender da cor da roupa. Uma mulher que usa seu vestido por se alegrar com as cores irradia essa alegria. Ela também irradia autoconfiança, pois faz aquilo que condiz com ela. É possível que algum homem venha a interpretar isso como sinal erótico, e isso será motivo de alegria para ela. Nesse caso, a alegria dessa mulher teve um efeito contagiante sobre ele. O modo como um homem lida com isso é de sua responsabilidade. E o modo como uma mulher lida com possíveis tentativas de aproximação é da responsabilidade dela. Ela pode dizer sim e não, e normalmente pode determinar o que ela permite e o que não permite.

> Uma mulher casada na meia-idade anuiu ao flerte de um colega. Há mais tempo ela já tinha a sensação de que faltava algo no seu casamento, mas não sabia como mudar isso. Ela se permitiu uma escapada com esse colega e se sentiu revigorada. Depois de muito tempo, ela voltara a ter a sensação de estar viva. Então ela ficou sabendo que esse colega mantinha relações com várias mulheres ao mesmo tempo. Ela ficou profundamente abalada com isso. Não foi só a decepção com esse homem, mas também a decepção consigo mesma. "Não consigo me perdoar por isso", era sua acusação constante. Ela não conseguia perdoar a escapada, a infidelidade para com seu marido e o fato de ter caído não candidamente no flerte desse colega. Ela manteve esse rigor para consigo mesma durante muitos anos.

Quando uma mulher casada se sente atraída por outro homem, geralmente fica com a consciência pesada, mas isso ainda não resolve a questão da atração. Se ela for honesta consigo mesma, talvez reconheça que há mais tempo a monotonia tomou conta de sua relação. Com frequência, não se comunica o que falta, porque poderia fazer aflorar conflitos latentes, com os quais nenhum deles sabe ou quer lidar. Nesse caso, parece mais fácil buscar fora da relação o que falta a esta.

Na atração pode residir um sentido mais profundo. O que atrai no outro pode ser aquilo que reside em nós mesmos como possibilidade de vida. Só que se trata de algo que ainda não pode ser identificado como tal. Por essa razão, esse algo é transferido para outra pessoa, na qual se tornam visíveis as próprias qualidades inconscientes.

Por exemplo, quando se apaixonam, as mulheres voltam a ter a sensação de ser vistas, de experimentar intimidade ou de sentir-se especialmente atraentes em termos eróticos. Com frequência elas já sentem falta disso há muito tempo em sua vida. Na maioria das vezes, elas próprias praticamente já haviam deixado de se ver como mulher erótica, não estavam mais próximas de sua essência e, por isso, não podiam mais sentir proximidade com o próprio marido.

Quando uma mulher consegue reconhecer e aceitar isso como o caminho do seu desenvolvimento, ela não deve se julgar moralmente. Ela pode ver a atração como chance de encontrar algo dentro de si mesma que até aquele momento não pôde ser expresso. Seria um passo em direção à maturidade trazer para a própria relação o que ela reconheceu e reavivá-la desse modo.

Depende de nós livrar-nos ou ater-nos a modos patriarcais de pensar. A frase de mulheres geralmente mais velhas: "Mas não posso deixar meu marido sozinho e sair um fim de semana com minha amiga", provém de imagens tradicionais do que uma mulher pode ou não pode fazer. Essas mulheres se sentem responsáveis por suprir as necessidades de seus maridos. Elas foram educadas nesse papel e se atêm a ele. Um homem que não é capaz de fazer sua comida sozinho permanece dependente da mulher. É mais provável que isso o mantenha dependente do que o fortaleça.

> Isso foi reconhecido por uma mulher que, após seu período de cuidados familiares, sentiu forte necessidade de retirar-se com mais frequência para um lugar tranquilo para estar totalmente consigo mesma. Ela explicou a todos na família por que isso era importante para ela e que ela tomaria esse tempo para si uma vez por ano. Ao dizer isso, ela também deixou claro: "Não vou deixar comida preparada!" Durante o período em que ela estava fora, seu marido fazia as refeições em um restaurante local. Ele foi gostando cada vez mais de encontrar companhias agradáveis ao fazer isso. Ambos sentiram o efeito dinamizador disso em seu casamento.

A mulher mesma é a única que pode decidir se se sente bem no papel escolhido por ela. Mas, se ela subordinar certos desejos a um papel que lhe foi inculcado, essa imagem de casamento será muito estreita para ela. Ela pode ser rigorosa consigo mesma e se submeter a essa imagem ou ser branda consigo mesma e fazer aquilo que corresponde mais ao que sente em seu coração. Ela tem essa liberdade e pode usá-la. Isso não quer dizer que ela tenha de violar todas as regras, mas apenas que poderá transformar seu rigor em mais suavidade para consigo.

Quando pergunto a algumas mulheres por que são tão rigorosas consigo mesmas, muitas vezes elas não têm resposta. Mas, naquele momento, elas sentem que não há razão para o seu rigor. Elas reconhecem que também poderiam ser mais cordiais e, sendo assim, se sentiriam melhor do que sendo rigorosas consigo.

> Uma mulher contou que, ao envelhecer, constatou que a forma do seu corpo estava ficando mais arredondada. No início, ela ainda resistiu a isso e se criticava, mas então ela passou a se olhar com brandura e encontrou uma expressão carinhosa para designar seu corpo: "Minha bela fofura".

O rigor que impusemos a nós mesmas tem muito a ver com o modo como fomos moldadas desde cedo. Na maioria das vezes, foi a partir daí que desenvolvemos esses mandamentos interiores. No entanto, nesses mandamentos há pouco amor. Demasiadas vezes passamos por cima da nossa verdade ao acreditar que devemos cumpri-los. Na condição de mulheres adultas, é nossa tarefa moldar a nós mesmas. Hoje ninguém mais exige de nós que nos tratemos com tanto rigor. Somos nós mesmas que fazemos isso. Mas o rigor nos estreita. Não precisamos ficar nessa estreiteza; também podemos abrir nosso coração para conosco. Nós decidimos isso.

Recair em padrões antigos

A Bíblia conta que Maria Madalena permaneceu perto de Jesus e o acompanhou no caminho até a crucificação. Ela permaneceu próximo dele com algumas mulheres até ele morrer.

O amor e a força dessas mulheres se mostraram no fato de não terem acompanhado só as fases áureas da outra pessoa, mas também trilharam com ela o caminho do sofrimento e da morte com toda a coerência. Elas não evitaram isso, mas ficaram. Maria Madalena e as demais mulheres podem ter conseguido ficar com Jesus não só porque quiseram ficar perto dele no seu sofrimento, mas também porque tiveram a força necessária para aguentar seu morrer, até o amargo fim. Elas mostraram coragem e fidelidade absoluta a Ele.

Pode ser que isso se deva ao saber originário da natureza feminina, através do qual as mulheres estão familiarizadas com o ciclo de vida e morte. As mulheres estão inseridas no ciclo do devir e do perecer já por suas fases físicas. Isso talvez lhes proporcione a força interior para lidar conscientemente com esses fatos. Ao mesmo tempo, porém, é preciso ter destemor e amor incondicional para enfrentar o morrer de uma pessoa.

Quando uma mulher sabe o que seu amor provoca, consegue reunir a força e a coragem para trilhar o caminho do sofrimento em companhia de um familiar. Ela sabe que não conseguirá tirar o sofrimento da outra pessoa, mas lhe comunica que com sua presença passará por tudo com ela até o fim, se necessário. Quem não tiver medo disso poderá vivenciar momentos em que acontece algo sagrado. Nesses momentos, muitas vezes se experimenta um amor que excede a tudo que havia antes.

> Certa mulher contou como a vida com seu marido muitas vezes foi difícil. Ele era alcoolista e lidar com sua doença repetidamente a confrontou com seus limites. Nesses casos, ele se tornava um estranho e ela não conseguia alcançá-lo interiormente. Mas essa mulher decidiu ficar. Quando ele entrou na fase terminal e soube que seu fim estava próximo, ambos puderam passar a limpo tudo o que, nos anos anteriores, se interpôs entre eles. Eles sentiram que seu amor voltou a se fortalecer no final e puderam se despedir em paz.

Esse permanecer no amor mostra uma grandeza que nem todos conseguem expressar. Isso também fica claro na história de Maria Madalena, pois se diz que só ela e poucas mulheres ficaram por perto quando

Jesus foi crucificado. Hoje há mulheres que julgam os homens por não terem aguentado até o fim. Elas interpretam isso como fraqueza. Pode ter havido razões bem determinadas para eles, mas fundamentalmente é mais difícil para um homem suportar a sensação de impotência, de não poder fazer nada para aliviar o sofrimento. A força feminina tem mais afinidade com o fato de a simples presença poder proporcionar consolo e apoio a uma pessoa nessa situação.

De Maria Madalena se conta ainda que, no terceiro dia após a morte de Jesus, ela se aprontou, de madrugada, quando ainda estava escuro, para ir até sua sepultura.

Era hábito das mulheres daquela época ungir um defunto com óleos aromáticos. Esse ritual de unção servia para conduzir a alma para além do limiar da morte. A passagem para o mundo espiritual era celebrada por mulheres. Elas exerciam funções sacerdotais. É de se supor que o sentido desses rituais provenha da noção profunda de que, ao morrer, uma pessoa ingressa em uma dimensão infinita, em uma esfera divina que transcende tudo que é humano. Nesses momentos, acontece algo sagrado, algo superior a tudo que se experimentou até ali. Essa experiência busca uma expressão que a torne mais compreensível.

Desde tempos mais antigos as mulheres celebraram as passagens e mudanças na vida com rituais envolvendo os sentidos. Pelo ato de unção do corpo o morto era honrado e, ao mesmo tempo, carinhosamente tocado. As mulheres tinham a intuição de como o toque e as experiências sensíveis faziam bem nessas fases da vida. Elas sabiam do efeito salutar causado por eles. Isso pode nos estimular hoje a reavivar certos rituais para algumas passagens da vida. Quando eu penso, por exemplo, na morte de meus familiares, tomo consciência de como teria feito bem um ritual de toque ou até o gesto da unção. Naquele tempo, minha consciência ainda não tinha avançado o suficiente para simplesmente fazer isso.

Quem é forçado a deixar alguém ir sabe como as pessoas ficam reflexivas e sensíveis nesse período. Elas se tornam bem mais sensíveis do que de costume para um toque suave ou um gesto amoroso.

> Uma amiga tinha perdido em curto intervalo de tempo seu marido e seu filho devido a acidentes trágicos. Ela estava de luto profundo. Em sua sabedoria e sua espiritualidade femininas, ela mesma elaborou rituais que tiveram um efeito consolador e fortalecedor para ela e seus familiares. Ao buscar o apoio de um conselheiro espiritual durante seu processo de luto, este recomendou que ela proporcionasse uma massagem a si mesma. Ele lhe disse: "Você precisa ser tocada". Ele sabia do efeito salutar do toque; ele sabia que com isso também sempre se toca profundamente a alma.

Não se faz menção disso, mas é possível que Maria Madalena também tenha ido até a sepultura com a intenção de estar bem próxima de Jesus pelo gesto da unção.

No entanto, ela encontrou a sepultura vazia e, em compensação, viu dois anjos que lhe perguntaram por que estava chorando e a quem procurava. Pode parecer que essa experiência de Maria Madalena não tenha nada a ver com a nossa vida atual. Todavia se trata da nossa vivência.

Se imaginarmos que, mediante o encontro com uma pessoa, experimentamos um tipo de amor que nos deu a sensação de estar curadas, é de se supor que faríamos de tudo para permanecer perto dessa pessoa. Iríamos querer vivenciar mais desse tipo de amor. Ele nos levaria do acanhamento cotidiano para um espaço amplo, no qual poderíamos nos experimentar de modo mais completo. Conhecemos esses momentos, nos quais somos inteiramente nós mesmas, nos quais nos sentimos amadas pela vida. Eles têm algo de sublime, porque neles estamos inteiramente unidas com a nossa essência íntima. É isso que buscamos repetir o tempo todo.

Podemos criar tais momentos também para outros, pois é salutar quando comunicamos a uma pessoa por meio do amor que ela é única para nós, quando lhe damos a sensação de que ela pode ser ela mesma. Só conseguimos isso por instantes, pois não se trata de uma sensação contínua. Porém, quando conseguimos isso, mostramos a alguém algo do amor que Maria Madalena experimentou como salutar. E podemos renovar constantemente esse amor. Podemos mostrá-lo e vivenciá-lo várias vezes ao dia. Nele se expressa algo criativo, um ato criador. Esse aspecto criativo, pleno de fantasia, combina conosco, que somos mulheres; ele combina com nossa natureza feminina precisamente quando expressamos amor. Cabe a nós decidir se constatamos e vivenciamos em nós essa força criativa ou se a deixamos sem uso. Ao menos Jesus sabia, porque tocou uma mulher como Maria Madalena com essa força. Ela deve ter sido a pessoa que mais bem entendeu e vivenciou essa força no sentido dado por Ele. Desse modo, ela cooperou para que algo novo viesse ao mundo.

Podemos fazer isso hoje também. Diariamente podemos cooperar para que algo novo aconteça por meio de nós no plano interpessoal. Há esse eu maior dentro de nós que nos deixa cientes de que o reconhecimento fortalece uma pessoa, que ouvir com atenção faz com que ela se abra e nos dê confiança, que palavras e gestos amorosos a acalentam, que por meio do amor ela consegue encontrar o que há de melhor dentro dela. Sabemos que isso pode deixar uma pessoa feliz – e a nós também.

A indicação "de madrugada, quando ainda estava escuro" descreve uma experiência que Maria Madalena deve ter vivenciado após a morte de Jesus. Jesus representava tudo para ela. Por meio dele, ela chegou a experimentar um novo tipo de vida, encontrou um amor superior a tudo que ela conhecia. Ela queria continuar vivendo o que, a título de iniciação, tinha experimentado sobre o amor. Num primeiro momento, essa esperança tinha morrido com Jesus. Deve ter ficado bem "escuro" dentro dela, talvez ela tenha retrocedido ao estado anterior à sua cura, sem perspectiva, sem confiança – uma experiência que conhecemos em nossa vida.

Hoje podemos também receber um impulso fortalecedor para a nossa vida através de uma pessoa ou de um livro, de um seminário, através da natureza ou do silêncio que nos indica um novo caminho. Quando isso acontece, sentimos uma revitalização, obtemos uma nova orientação e reconhecemos a força de que necessitamos agora. Tornamo-nos novamente cientes de como devemos agir ou pensar. Na maioria das vezes, também encontramos para nossa vida momentânea um novo sentido que nos fortalece. Muitas vezes isso dura certo tempo, até que fiquemos em uma situação em que recaímos em nossos velhos padrões.

Às vezes reconhecemos isso de imediato, mas às vezes não. Então voltam a ganhar força aqueles comportamentos que pensávamos ter superado.

Por exemplo, há mulheres que se desesperam quando volta a aflorar a depressão que elas pensavam ter superado. Elas sentem medo quando reaparece um sintoma da doença que acreditavam estar curada. Elas sentem resignação quando mais uma vez não conseguem agir em relação ao seu parceiro como tinham se proposto.

As mulheres contam como então acusam a si mesmas: "Será que ainda não sou capaz de deixar isso para trás?!" ou: "Agora já estou com toda essa idade e ainda não consigo agir de outra maneira!"; "Ainda não consigo aliviar o luto, embora todos me digam que algum dia eu devo me conformar com a perda". Quando fazem isso, elas põem a culpa em si mesmas por exigirem de si mesmas a capacidade de deixar para trás as coisas passadas. Elas pensam que tudo sempre tem de continuar avançando.

A experiência de Maria Madalena mostra que a recaída em velhos padrões é um percurso humano normal. Ela faz parte da nossa vida e mostra que a cura não acontece de uma só vez, mas em muitos pequenos passos. Quer queiramos pensar de maneira nova ou agir de maneira nova, quer pretendamos deixar alguém partir ou expressar-nos de maneira mais amorosa em nossas relações, na busca por fazer isso vamos reincidir. Meramente saber disso já alivia um pouco o desânimo que facilmente pode nos acometer.

Se não exercitarmos constantemente nossos novos padrões de pensamento ou comportamento, a cura não acontecerá. Esse exercitar demanda tempo e para isso precisamos ter paciência. Só a teremos, se tivermos a confiança de que tudo já está disponível dentro de nós. Na natureza, o sol nem sempre está visível e, não obstante, sabemos que ele está aí, mesmo que esteja oculto. Ao mesmo tempo, necessitamos da coragem de recomeçar sempre que sofrermos um retrocesso.

Esse recomeço é descrito no percurso de Maria Madalena: "Quando ainda estava escuro, ela se aprontou e foi até a sepultura". Ela pode até ter reincidido em seu estado antigo, mas, ao mesmo tempo, o novo já estava dentro dela. Pois ela não guardou um luto sem fim, mas pôs-se em movimento. Ela deve ter reconhecido que aferrar-se a esse sentimento não poderia ser uma solução para ela. Na escuridão, que para ela supostamente também representava solidão, ela se pôs a caminho.

O que nos fortalece é o fato de, ao recair em comportamentos antigos ou em tristeza, já termos dentro de nós o novo. Quando estamos cientes de que, apesar de supostos retrocessos, estamos avançando, ficamos mais tranquilas. Nesse caso, não precisamos emitir um juízo a nosso respeito; simplesmente seguimos adiante. Isso nos dá a coragem de trilhar nosso caminho à nossa maneira, com os progressos e retrocessos que fazem parte de nós.

Uma imagem certeira para o nosso progredir e retroceder é a do labirinto. Ela desempenha um papel justamente também no caso de dar conta do luto. Muitas vezes pensamos estar perto do nosso destino, pensamos finalmente ter chegado ao centro ou na saída, mas então o caminho volta a nos distanciar dali. Porém, isso não significa que nos perdemos como em um labirinto, mas que permanecemos no caminho rumo ao centro, só que o trajeto até lá se constitui de maneira diferente do que pensamos – ou que desejaríamos que fosse.

A imagem do labirinto ajuda muito a não desesperar e não fazer censuras a nós mesmas por evidentemente termos recaído em velhos padrões ou ainda não termos avançado tanto quanto pensávamos.

Maria Madalena seguiu adiante depois de sair da desesperança em que supostamente havia caído. Em sua tristeza, ela também deve ter procurado alguma coisa em que se segurar, mesmo que tenha sido apenas uma lembrança de Jesus. Com essa lembrança ela talvez tenha recuperado o senso de como se sentira viva com Ele. Ela deve ter esperado que o encontro com o morto lhe devolveria algo do amor e da vitalidade que aparentemente estavam perdidos para ela. No entanto, essa esperança deve ter se convertido em desespero quando encontrou a sepultura vazia. Pois não havia mais nada concreto ali em que pudesse se segurar em sua desorientação. Até isso tinha sido tirado dela. Nesse momento, ela pôs para fora toda sua tristeza, chorando todo o seu vazio e toda a sua amargura.

Conhecemos as situações em que não temos mais nada além de lágrimas para expressar nosso pesar por uma carência, uma decepção ou uma grande perda. Algo pode ter se quebrado, estar irremediavelmente perdido e toldar nossa visão do futuro. A tristeza por causa de um amor que acabou, de uma felicidade destruída ou da saúde perdida pode jorrar de dentro de nós como quando uma represa se rompe, porque não há mais nada que seja capaz de detê-la. Muitas vezes não temos mais palavras para expressar a dor, o que então só ocorre por meio de lágrimas. Com frequência não temos a sensação de que alguém vê nossas lágrimas – e talvez nem queiramos isso. Na tristeza, preferimos estar a sós, mas no fundo desejamos que alguém esteja conosco, nos veja e nos dê apoio em nossa solidão.

Maria Madalena fez essa experiência. Ela é descrita na frase: "Pois enquanto ela chorava, apareceram dois anjos junto à sepultura e lhe perguntaram: 'Mulher, por que choras?'" Vivenciamos isso hoje ou é algo estranho para nós? A palavra "anjo" não é muito abstrata para ser aplicada à nossa vida?

É de se supor que ser chamada de "mulher" naquele tempo já era uma forma polida de tratamento que expressava consideração. O fato de ela ter sido interpelada com tanta consideração enquanto chorava nos faz perguntar quanta consideração mostramos pelo nosso choro? É mais provável que o encaremos como fraqueza e talvez fiquemos envergonhadas justamente quando derramamos lágrimas diante de outras pessoas. Quando isso acontece, achamos que não temos controle sobre nós mesmas ou que nos mostramos impotentes. As outras pessoas geralmente ficam constrangidas e não sabem como reagir a isso. No entanto, não é por causa do choro em si, mas por causa da avaliação negativa que nós ou os outros fazem dele. Chorar é a reação mais natural possível a um ferimento, à dor e ao pesar. Quando palavras não são suficientes, é preciso recorrer às lágrimas. Elas nos soltam, purificam e libertam. Não nos envergonhamos quando rimos nem quando nos irritamos, então por que deveríamos fazer isso quando choramos? Necessitamos de uma consideração nova para com o nosso choro, precisamos ser mais cordiais conosco mesmas.

Nós também fazemos a experiência de encontrar um anjo. Por exemplo, quando em uma situação difícil aparece outra pessoa e nos faz algum bem. Talvez digamos: "Você foi como um anjo para mim". Nesses momentos, emana dessa pessoa algo redentor ou consolador. Nós sentimos que é um presente quando alguém suporta nosso pesar ao nosso lado. Muitas vezes é só em situações como a de experimentar uma grande perda que se reconhece quem está realmente próximo. Em contraposição, sempre é decepcionante quando bons amigos raramente se manifestam e quase não participam da nossa situação de perda. Na maioria das vezes, eles estão inseguros a respeito de como lidar com sentimentos de tristeza ou preferem não nos encontrar nessas horas. Às vezes, eles até atravessam a rua e evitam nos dar uma palavra ou um gesto de consolo. Eles não se tornam anjos.

Os anjos irradiam luz, razão pela qual na arte geralmente são representados com roupas brilhantes. Um anjo não precisa ser visto como uma pessoa; às vezes, ele se manifesta a nós como impulso interior, como súbita intuição que, precisamente em uma situação de necessidade, aponta para algo novo. Ele pode se manifestar também como frase em um livro, permitindo que reconheçamos algo importante a respeito de nós mesmos, ou como música, quando ela provoca algo em nós que percebemos como consolo. Esses momentos luminosos são como anjos que despertam algo em nossa alma. Contudo, só experimentaremos isso, se estivermos abertas para isso. Se estivermos afundadas demais em nossas lamúrias, não teremos olhos para a luz em nossa vida. Então deixaremos de perceber todo e qualquer tipo de anjo que poderia apontar para algo luminoso.

Nesses momentos, precisamos de algo que nos arraste para fora da nossa dor. Por exemplo, quando sentimos que alguém nos vê mergulhadas em nossa tristeza e nos dirige a pergunta: "Por que você está chorando?", nós prestamos atenção. Sentimos que estamos sendo percebidas. Isso já detona uma porção do nosso desespero. Mas não é só isso: essa pergunta nos faz chegar à razão pela qual estamos tão abatidas. Não importa se a pergunta é feita por um interlocutor ou por nós mesmas, ela nos desafia a obter mais clareza. O que nos faz chorar? É a mágoa que alguém nos causou ou uma constante sensação de que falta algo ou se trata das lágrimas ainda não derramadas da nossa infância? É preciso dar nome ao que nos faz chorar.

Quando alguém nos pergunta: "O que faz você chorar?", a primeira coisa que fazemos é nos lamentar ou sentir amargura pelo que perdemos ou o que nos faz sentir dor. Maria Madalena lamentou terem lhe tirado o que ela mais amara na vida até aquele momento. Talvez nós também nos lamentemos por termos de nos desapegar de uma pessoa que representava o que mais amávamos e de não saber como viver sem ela. Ou lamentamos a saúde perdida, na qual tínhamos vivido com toda naturalidade e que, no momento, faz com que estejamos fracas. Pode se tratar também de renunciar à profissão que exercemos com paixão e da qual sentimos falta. Talvez também estejamos tristes por causa de um amor perdido que se percebe na parceria.

> Certa mulher contou que sua mãe passou a vida lamentando a pátria perdida que lhe haviam tirado com o banimento. Era a dor de sua vida que ela lamentava isso o tempo todo.

Que maneira encontramos para lidar com a perda de tal forma que não fiquemos atoladas na lamentação? A experiência de Maria Madalena nos indica uma saída. Os anjos informam que aquele que ela procura não poderá ser encontrado na sepultura. Se ela não quiser ficar atolada na lamentação, não haverá outra maneira, a não ser afastar-se da sepultura.

Para nós, isso é um indicativo do caminho a seguir. Necessitamos de um tempo de luto e de rememoração do que foi perdido. É o tempo da retrospectiva, no qual repetidamente queremos reavivar os bons sentimentos. Porém, bastantes vezes, no retrospecto também queremos manter viva a dor por uma mágoa antiga por acusar alguém o tempo todo.

Quantas vezes já nos lamuriamos desse modo pelos ferimentos causados pelo pai e pela mãe, por irmãos e irmãs, por supostos amigos e amigas ou por outras pessoas? Reiteradamente olhamos para trás e repetimos o que já lamentamos muitas vezes. Agarramo-nos à ideia de que algo assim jamais deveria ter acontecido. Gostaríamos muito de ter dessas pessoas no passado ainda alguma coisa que elas, segundo a nossa percepção, deveriam nos ter dado. Desse modo, mantemos nossas feridas constantemente abertas e não permitimos que se curem. É como se insistíssemos em ir até a sepultura em busca de algo que não se encontra ali.

> Certa mulher reconheceu que sempre reeditava a lamúria sobre o comportamento dominante de sua mãe. Ela não achava a saída de sua lamentação, pois achava que a mãe estaria determinando sua vida até hoje. Nem mesmo o distanciamento dela a impediu de reiterar constantemente suas acusações. Foi preciso que ela ficasse doente para tomar consciência do quanto seu olhar para vida era retrospectivo. Ela reconheceu que desperdiçaria o resto de sua vida, se não deixasse de olhar constantemente para o passado.

Cada uma de nós chega no ponto em que tem de deixar que algo fique enterrado para sempre: uma injustiça, uma mágoa, uma perda. Caso contrário, não encontraremos a vida que, apesar da ferida, é a nossa. Ela não está viva só no passado, mas também aqui e agora através de nós. Adquirir esse autoconhecimento pode ser como um anjo que nos liberta da retrospectiva constante e dirige o nosso olhar para diante. Para isso é preciso dar meia-volta, voltar as costas para aquilo que finalmente deve ficar sepultado e rumar para aquilo que agora está por ser vivido.

Dar meia-volta como caminho novo

Dar meia-volta sempre é movimento, mudança de direção. Para isso, Maria Madalena precisou chegar ao conhecimento de que a sepultura está vazia.

Nós também precisamos desse conhecimento. Na sepultura, muitas vezes encerramos sentimentos ou carências que não permitimos que ganhem vida. Então, na maioria dos casos, procuramos em certas pessoas ou coisas e com frequência também em constantes empreendimentos por alguma coisa, da qual esperamos que nos deixe mais vivos ou mais contentes. Podemos até sentir isso dessa maneira por algum tempo, até que um dia, lá no fundo, reconhecemos isto: esta sepultura está vazia. Ali não encontraremos o que estamos procurando.

Buscamos fora de nós por algo que não é realmente capaz de nos satisfazer de modo duradouro. A primeira coisa que sentimos quando reconhecemos isso é um vazio, até que tomamos consciência disto:

o que nos falta será encontrado dentro de nós como algo que nos proporciona mais vitalidade e liberdade.

Talvez estejamos em busca de uma troca dinâmica com nosso parceiro e reconhecemos que o parceiro não tem essa capacidade ou não faz uso dela. Nele, esse aspecto está em branco, mas em nós ele está bem vivo. Talvez então sejamos invadidas primeiramente pelo receio de que o desejo por mais troca também permaneça em branco em nós. Pode levar um tempo até que sejamos capazes de dar meia-volta e não continuar direcionando esse desejo para o parceiro. Procuramos a companhia de pessoas com as quais a troca acontece facilmente sem que tenhamos de privar o parceiro de algo.

Exteriormente muitas vezes nos apropriamos de coisas materiais, supostamente necessárias, que nos dão a sensação de nos deixar mais ricos e mais contentes. Desfrutamos disso por algum tempo, até que a sensação esmaece e aflora o próximo desejo por coisas novas destinadas a reforçar essa sensação. Muitas vezes não nos damos conta de que, desse modo, ficamos interiormente vazias.

Na maioria das vezes, também procuramos encontrar em viagens algo que traga novos impulsos para a nossa vida e nos amplie espiritualmente. É possível que, desse modo, descubramos novas facetas em nós que nos reavivem muito. Quando retornamos ao cotidiano, costumamos perder essa sensação. Algum tempo depois, sentimos que o estímulo exterior não tocou realmente o nosso interior, a ponto de nos fazer dar meia-volta. Ele ainda está vazio.

Como no caso de Maria Madalena, esse reconhecimento do vazio constitui o impulso para dar meia-volta, pois nossa vida interior não foi concebida para ficar vazia. A ideia é preenchê-la de tal maneira que expressemos nossos sentimentos, vivamos nossos talentos, identifiquemos o que nos faz bem e o que não nos faz bem, sintamos amor e o comuniquemos. Buscamos a vida plena. Esse é o impulso que faz com que nos voltemos para onde podemos encontrá-la.

Dar meia-volta deixando de fazer-se de vítima

Dar meia-volta nos fará bem se ainda estivermos nos atendo a certas posturas que não nos fortalecem. Por exemplo, podemos nos afastar do caminho da vitimização. Nós, mulheres, há muito trilhamos esse caminho, mas ele não nos fortaleceu. Necessitamos de outro caminho que nos leve a mais responsabilidade por nós mesmas e a mais liberdade interior.

Como achar esse caminho?

Em primeiro lugar, precisamos reconhecer que fomos ou ainda somos vítimas. Aceitar isso nos levará mais longe do que ficar nos lamentando de que as coisas não poderiam ser como são. Mas elas de fato são assim. Quase todas as pessoas fazem a experiência de ser vítimas. Por isso não é nenhuma vergonha nem fracasso, mas de um fato que constantemente ocorre em nossas vidas. É preciso que tenhamos empatia pela dor que sentimos por causa dele.

Trata-se de uma reação bem natural sentir-se vítima de alguém que fez algo contra nós. Sempre somos vítimas quando alguém nos inflige algum dano ou quando não temos como resistir a um poder maior do que o nosso. Vivenciamos isso na esfera pessoal tanto quanto na esfera social. Experimentamos injustiças já das leis que são discriminatórias para algumas pessoas.

Isso foi experimentado, por exemplo, pelas mulheres na época em que lhes foi negado o direito de votar ou em que não podiam frequentar a universidade. Ou quando se veem expostas a um direito penal que deixa o abuso sexual prescrever e muitas vezes dá menos valor ao sofrimento da vítima do que ao crime. Elas experimentam isso até hoje no âmbito eclesial, na medida em que não lhes é permitido o exercício de funções sacerdotais.

No papel de vítimas, sempre somos atingidas, lesadas e nos sentimos impotentes. Na maioria das vezes, a consequência é nossa raiva e a necessidade de resistir à injustiça. Pois não queremos nos sentir vítimas por se tratar de uma posição de inferioridade. E, no entanto, muitas vezes permanecemos por muito tempo nela porque talvez ainda não tenhamos força suficiente para mudar a situação ou para equilibrá-la legalmente. Algumas posturas discriminatórias da sociedade podem se consolidar de tal maneira que por muito tempo não são reconhecidas como injustiça.

> Isso é vivenciado hoje, por exemplo, por mães mais idosas que, em seu tempo, tinham poucas possibilidades de exercer uma atividade profissional adicional ao lado de seus afazeres domésticos. Era praticamente impossível conseguir trabalho em tempo parcial e só raramente se requisitava o trabalho de babá. Até hoje o Estado mantém um valor baixo para a aposentadoria materna porque falta a valorização no sentido de que o cuidado por uma pessoa e o trabalho produtivo sejam postos como equivalentes. Até se diz para as mães que elas não teriam feito nenhum trabalho.

O que nos leva a dar meia-volta? Necessitamos ter consciência da injustiça. Ela é imprescindível para que possamos voltar nosso olhar para o mais justo. Assim, todas as nossas forças urgem a transformação. Não aceitamos mais sofrer por causa de injustiça. As mulheres sentiram isso em muitas esferas e, em decorrência disso, provocaram uma reviravolta. Elas visualizaram a situação injusta e se empenharam por mais direitos para as mulheres. Ao darem meia-volta, também levaram outras a fazer o mesmo movimento.

O autoconhecimento nos ajuda

Necessitamos do autoconhecimento, do olhar honesto para como respondemos até agora à nossa condição de vítima.

Uma postura de vítima possui muitas facetas. Ela se manifesta como lamentação, rebelião, sofrimento silencioso ou resignação. Em muitas situações, ela se manifesta também quando nós mesmas vitimamos outras pessoas.

A fase da lamentação é importante: a injustiça e a dor precisam ser chamadas pelo nome. Elas precisam sair de nós para que não nos intoxiquem interiormente. Porém, nós também podemos nos acomodar na fase da lamentação. Nesse caso, nossa vida vira lamentação. Ouve-se então frases como: "Meu marido não faz o que desejo para mim"; "Minha mãe não me ama como eu preciso"; "O mundo não é como eu quero que seja". Não gostamos de abrir mão da fase da lamentação quando ela nos proporciona uma vantagem oculta. Não precisamos assumir nenhuma responsabilidade por nós, além de receber compaixão e atenção e poder culpar os outros constantemente. Com isso até podemos nos colocar moralmente acima deles, mas não conseguiremos mudar nada.

Mas talvez também nos rebelemos contra a condição de vítima, pois na rebelião sentimos nossa força: não nos conformamos com a postura de vítima. Nós nos levantamos contra tutela e desigualdade. Nós, mulheres, já alcançamos muitas coisas dessa maneira. Porém, também podemos ficar atoladas na rebelião. Nesse caso, não conseguimos reconhecer nenhuma autoridade, atacamos outras pessoas sem ouvi-las ou ficamos fixadas na nossa visão das coisas.

Outras mulheres preferem sofrer em silêncio. Elas pararam de lamentar ou de se rebelar ou nem mesmo tentaram fazer isso. Elas resignam ou se retraem, evitando todo e qualquer conflito. Suportando a situação, elas esperam que algo aconteça. Elas esperam que seu marido ou as crianças ou outras pessoas mudem. Elas querem secretamente que os outros vejam seu sofrimento e se sintam culpados. Por trás de sua tolerância muda elas muitas vezes vivem sua agressividade passiva.

> A respeito dessa experiência me falou certa vez um marido que se sentia irritado com essa postura de sua mulher. Ele disse: "Não quero uma esposa que fique sofrendo calada. Quero uma esposa que se levante e que me diga claramente o que quer e o que não quer. Então terei uma mulher adulta como interlocutora. Do jeito que está, sempre tenho a sensação de ter diante de mim uma menina insegura que simultaneamente tenta exercer poder sobre mim com essa sua postura de vítima".

Ninguém aguenta permanecer por muito tempo como vítima na posição de inferioridade. Temos uma necessidade natural de equilíbrio. Mas não se consegue isso quando nos atemos a tais comportamentos e sacrificamos a própria força.

Mas tampouco se consegue chegar ao equilíbrio quando aqueles que foram vítimas se convertem em vitimadores por acharem que, desse modo, alcançarão uma posição de superioridade. Isso não é equilíbrio; é um jogo sem fim que só causa ainda mais danos. Conhecemos bem os efeitos disso. Nós, mulheres, também não estamos imunes a jogar esse jogo. Então, por exemplo, a mãe desmerece as próprias filhas ou menospreza à sua maneira o marido.

Não se trata de condenar o fato de sermos assim, mas de reconhecer como agimos. Podemos nos perguntar: A reação que tivemos até aqui nos fortaleceu ou enfraqueceu? Ela nos tornou independentes ou dependentes? Conseguimos assumir mais responsabilidade por nós ou preferimos delegá-la a outros?

A única coisa que ajuda é sermos honestas conosco mesmas e perceber conscientemente nossas posturas. Sentimos que a postura de vítima não nos liberta porque permanecemos presas à pessoa que nos feriu. Também permanecemos presas às estruturas injustas que nos desgastam sem que possamos mudá-las naquele momento.

Escolher a postura de vítima pode ser uma escolha inicial e passageira, mas se fizermos dela uma postura permanente, ela enfraquecerá a nós e a outras pessoas. Tampouco estamos sendo amáveis conosco, porque nos mantemos em uma postura debilitadora. Nosso desejo de ter mais consideração ou mais liberdade certamente tampouco é satisfeito na postura de vítima. Portanto, por que deveríamos nos ater a ela? Dar meia-volta também implica um novo modo de ver as coisas, uma nova atitude mental que nos permite agir de outra maneira.

Soltar como forma de pôr-se a caminho

O ato de soltar e dar meia-volta nos devolve a inspiração, proporciona novas ideias e novas perspectivas para a nossa vida. Ele também nos leva a tomar novas decisões. Então nos recusamos a continuar sustentando a nossa anterior postura de vítima.

> Essas experiências foram vividas por certa mulher, quando foi confrontada com uma decisão discriminatória em seu local de trabalho. Ela tentou resistir e se defender, mas sem êxito. As estruturas de poder estavam tão consolidadas que não era possível detectar nenhuma sensibilidade para um tratamento valorizador. Ela sofreu com isso até encontrar a solução dentro de si mesma. Então sua decisão foi enérgica. Ela decidiu para si mesma: "Não vou ficar doente por causa disso! Vou fazer o meu trabalho com a mesma alegria e o mesmo apreço de sempre, de modo inteiramente independente do comportamento dos demais. Não vou mais conceder às pessoas em questão o poder de me machucar. E, se eu quiser, também posso deixar esse emprego".

Em meio à sua experiência de vítima ela deu meia-volta e se decidiu por sua liberdade – a liberdade de determinar o que fazer com isso. Ela assumiu pessoalmente a responsabilidade pelo seu bem-estar e não a deixou para outros. Ela própria mostrou por si mesma a consideração que desejou ter recebido de autoridades externas. O ato de dar meia-volta a conduziu à autodeterminação e à independência interior. A primeira coisa que nós, mulheres, perdemos, na condição de vítimas, é a possibilidade de agir. Mas não perdemos a liberdade de decidir como queremos lidar com isso dali por diante. As circunstâncias exteriores podem ser limitadas para nós, mas as interiores são ilimitadas. Podemos construir sobre elas.

> Uma jovem mulher abandonada por seu marido por causa de outra mulher encontrou, depois da fase da dor, a seguinte frase dentro de si mesma: "Sou mais do que apenas sua mulher!" Saber que é mais foi seu impulso para dar meia-volta. Ela deu um basta à sua postura de vítima. Com essa frase ela também voltou a andar de cabeça erguida. E ela própria determinou seu novo rumo. Ela quis voltar a experimentar da vida algo que fosse mais forte do que a dor da infidelidade. Ao dar meia-volta, ela sentiu curiosidade e alegria antecipada.

Filósofas italianas cunharam para essas experiências a expressão "desejo feminino". Preservar esse desejo é uma missão importante para nós, mulheres. Ele nos leva a superar experiências de carência ou situações de vitimização. Ao desejar, queremos algo da vida, e isto não se reduz ao desejo sexual. Queremos trazer ao mundo nossos sonhos e anseios, queremos usar nossa voz e empregar nossa força para que algo novo possa vir ao mundo. Se ainda sentirmos dentro de nós esse desejo feminino, também teremos a força para dar meia-volta e andar numa nova direção.

A experiência de outra mulher mostra que, apesar das circunstâncias difíceis, ela ficou conectada com seu desejo. Ela foi obrigada a reconhecer assustada a repercussão que a desonestidade dissimulada do seu marido em coisas referentes aos negócios teve sobre ela e sua família. Quanto mais claramente ela era confrontada com sua vida mentirosa, tanto mais se manifestava nela a paixão pela veracidade. A partir disso ela refinou seu senso para a falsidade e foi a fundo nela. Sua experiência fortaleceu sua coragem de ser honesta e confiável. Agora ela traz esse valor ao mundo com mais consciência. Ela deu meia-volta e passou a caminhar em outra direção.

Às vezes precisamos viver toda a dureza do sofrimento de nossa condição de vítima, até que topemos, no fundo da nossa alma, com uma força que nos auxilia. Antes de aparecer essa força, fazemos a experiência de não saber como continuar ou de não querer ou não poder continuar como até aquele momento. Necessitamos sentir nosso limite. Nesse limite surge o novo.

Quando isso acontece não nos conformamos mais com nossa condição de vítima. Reconhecemos que nela não há como encontrar uma perspectiva de vida para nós. Talvez então formulemos frases como estas: "Sou mais do que aquilo que experimento aqui. Sou mais do que aquilo que os outros fazem contra mim. Aguentar o comportamento insensível dos outros não é o bastante para mim".

Reconhecer isso é um passo para abandonar a atitude de vítima. É claramente dar meia-volta rumo a uma nova postura em relação a nós mesmas. Nesse momento, a valorização própria começa a ser mais forte do que agarrar-se à sensação de sermos vítimas.

Superar-nos

No momento em que somos capazes de dizer para nós mesmas: "Sou mais do que aquilo que me aconteceu", superamos a condição de vítima. Essa frase provém da consideração por nós mesmas e do amor. Pois nesse momento não nos vemos por meio de outros, mas nós mesmas nos vemos e gostamos do que vemos em nós. É um momento de liberdade interior. Talvez também possamos dizer nesse instante: "Amo a mulher que sou. Quero viver e não sacrificar o que sou". Isso seria dar meia-volta para longe da vitimização rumo a mais autodeterminação.

As mulheres já efetuaram esse tipo de meia-volta em muitos âmbitos, pois quantas foram as que, por reconhecerem que "são mais", romperam estruturas tradicionais e conquistaram profissões e posições que não estavam reservadas para elas? Essa consciência de serem "mais" as levou a dar meia-volta. Elas se viram de maneira nova e resolveram agir.

As mulheres que sofreram violência e experimentaram impotência geralmente são levadas a dar meia-

-volta com acompanhamento terapêutico para conseguirem sair de sua impotência e voltar a ter acesso à sua força. Nesse processo, muitos terapeutas as reconduzem a imagens interiores, nas quais elas podem expressar seu poder.

> Certa mulher contou que tranca mentalmente no congelador o causador de sua experiência de violência, assim que ele assoma dentro dela. Desse modo, ela sente que é mais do que uma vítima, que ela também é poderosa. É o modo que encontrou para abandonar a postura de vítima e encontrar a sua força.

Deixar de se fazer de vítima

Na psicologia, por muito tempo se adotou o procedimento de investigar quem seria o culpado da situação ruim em que a pessoa se encontra hoje. Nesse caso, o primeiro olhar com frequência se dirigia à mãe, segundo o lema: "Você tem mãe? Então sabemos de onde vem o seu problema".

Isso até pode soar exagerado, mas a questão da culpa alimentou, ao mesmo tempo, uma mentalidade de vítima que por muito tempo nos apequenou. Sempre havia alguém que podíamos responsabilizar pela nossa condição. Entrementes essa abordagem foi corrigida. O olhar se volta hoje para as forças interiores que se pretende trazer à consciência e que devem levar à superação da experiência de vítima.

No entanto, muitas mulheres ainda estão familiarizadas com a tendência de se concentrar, em situações difíceis, na vitimização mais do que na solução do problema. Muitas vezes parece mais fácil ver-se como vítima da falta de amor da mãe ou do pai, em vez de dar meia-volta e abrir-se para a missão que advém dessa situação. Uma sabedoria índia mostra outra postura. Um pajé a explicou assim: "Para nós é como uma lei natural: o pai e a mãe infligem o ferimento sagrado. É o ferimento que tem de se converter para mim, como filha ou filho, em cura. A missão da minha vida é curar esse ferimento". Nessa maneira de ver, a questão não é a culpa ou o fracasso, mas a responsabilidade pela própria vida. A mentalidade de vítima não ganha espaço aqui.

Depois que damos meia-volta e nos afastamos de nossa postura de vítimas, nosso olhar é direcionado para a responsabilidade. Com que energias vamos responder? Como vamos agir para deixar de ser vítimas e nos tornar pessoalmente responsáveis por nossa vida?

Podemos expressar com mais clareza nossos desejos, podemos traçar com mais nitidez nossos limites e dizer o que não queremos, podemos decidir se acolhemos uma mágoa ou se a deixamos com o outro. No caso de uma experiência de violência, podemos permitir que alguém nos ajude e, também nesse caso, decidir quanto poder o autor da violência poderá exercer sobre nós permanentemente. Podemos tomar consciência de que ninguém poderá tirar de nós a nossa dignidade. Ela sempre permanecerá a mesma, não importando o que experimentarmos. Sobre nossas ideias tampouco alguém poderá exercer poder. Mudar de rumo significa também ver a própria liberdade e agir a partir dela.

Responsabilidade em vez de vitimização

Nas comunidades eclesiais, sobretudo no âmbito católico, as mulheres estão se esforçando cada vez mais para deixar de se definir a partir de uma postura de vítima. Muitas delas não querem mais se deixar determinar pela supremacia masculina, mas aportar de modo equivalente sua visão feminina da fé e da espiritualidade. Mas, ao fazer isso, elas batem de frente com as estruturas hierárquicas enrustidas. A isso soma-se a argumentação teológica de que Deus não teria destinado a mulher para a função sacerdotal. Isso significa que as mulheres estão excluídas da missão de um ministério sacerdotal.

Algumas entendem essa argumentação como defesa do poder masculino, outras se resignam ou deixam a igreja, outras ainda se levantam e se articulam em alta voz para serem ouvidas. Porém, uma parte também acha que tudo deveria ficar como está. Sobre isso, uma mulher disse que não frequentaria mais a igreja se uma mulher se tornasse sacerdotisa. Para ela, levantar os olhos para um sacerdote homem é expressão de sua fé.

Isso pode ser válido para ela nesses termos, só que pouco tem a ver com a fé cristã; tem a ver com acreditar que o masculino é superior ao feminino. As estruturas patriarcais foram interiorizadas. Elas são tidas como o "normal". Essa mulher não se considera vítima na postura que assume. Cada mulher toma pessoalmente a decisão.

> Certa jovem mulher tem uma postura bem clara em relação a estruturas hierárquicas. Ela disse: "Se eu não for valorizada como mulher em uma comunidade, para mim está claro que não irei mais lá. Por que eu me exporia a isso?"

Posturas de poder e posturas de vítima têm razões mais profundas. Quem é interiormente carente, quem cinde as próprias forças ou quem está insatisfeito facilmente tende a submeter-se a outros ou colocar-se acima deles e obter poder sobre eles. Essa postura pode ser adotada tanto por mulheres quanto por homens.

Quando os homens se alçam acima do feminino e as mulheres se submetem a isso, ambos têm o mesmo problema: o da inferioridade. Pois um homem que está seguro do seu valor não tem necessidade de encarar o feminino como inferior. Ele o aceita como tal e não precisa depreciá-lo. Uma mulher segura do seu valor não permitirá um rebaixamento do feminino. Ela tampouco terá necessidade de depreciar o homem.

O enaltecimento masculino ou a submissão feminina são resquícios de tempos patriarcais. Essas estruturas só mudarão se deixarmos de segui-las. Isso vale da mesma forma para os homens. Pois os homens também são vítimas de um sistema patriarcal. E muitos deles estão cansados de viver de acordo com esse sistema por sentirem sua limitação.

Só pode haver uma responsabilidade comum para que hoje as coisas mudem. Pois nas estruturas de poder vigentes até agora ainda não se entendeu o que é propriamente cristão. Isso só será entendido se for experimentado. Se um depreciar ou excluir o outro, não se experimentará o amor. Tampouco se experimentará empatia, caso contrário, ninguém seria vitimizado. É preciso ter empatia para sentir o que se passa no outro quando cometo uma injustiça contra ele.

Nenhuma religião é libertadora quando exerce poder ou impede algo; ela está aí para ligar: o ser humano com seu eu real para que encontre amor e liberdade dentro de si e os vivencie. Constantemente surgem formas doentias de religiosidade. Em consequência disso, muitas mulheres marcadas pela religião com frequência se sentem vítimas dela por não as ter conduzido à liberdade nem lhes ter proporcionado a vivência de um amor condicionado.

O novo caminho só pode rumar para o reconhecimento do que há de insensível na convivência e para a compensação do que faltou até agora. A nós, na condição de vítimas, sempre faltou amor, empatia e respeito. É nossa responsabilidade mostrar isso em primeiro lugar a nós mesmas, antes de esperar que outros o façam. Quando fizermos isso, irradiaremos algo diferente. Em seguida também poderemos, em discussões ou regulamentos, denominar claramente o que não transmite uma sensação respeitosa e dizer que não estamos mais dispostas a continuar aceitando isso.

Assumir a responsabilidade por si mesma também significa ver a própria parcela de participação. Em formas de cunho patriarcal, as mulheres muitas vezes se proíbem de agir por conta própria durante muito tempo. Dar meia-volta e abandonar essa postura tem algo a ver com permitir.

> Certa mulher me contou que há muito já sentira sua força espiritual e gostaria de ter dado expressão pública a ela. Porém, na Igreja Católica não lhe era permitido fazer isso e ela sempre experimentou essa interdição como dor profunda. Até que ela decidiu não esperar mais por permissão e passou a agir por conta própria. Ela se tornou autônoma como oradora em velórios e organizou celebrações matrimoniais e batismais com sua expressão espiritual. As numerosas solicitações que recebeu lhe mostraram que fez certo em agir por sua conta.

Para essa mulher não importava mais perguntar: "Tenho permissão para fazer isso?" O que importava era perguntar: "Porventura não devo fazer isso para fazer jus à minha essência e à minha imagem pessoal de cristianismo?" Desse modo, ela se libertou de uma determinação alheia que ela não aceitou mais.

É da nossa responsabilidade decidir que postura adotaremos diante de outros. Por isso, a incidência no sentido de melhorar as relações na família, sociedade ou igreja não acontecerá por meio de nossa postura de vítimas, mas por meio de nossa autoridade feminina.

O dar meia-volta de Maria Madalena

Quando Maria Madalena foi libertada de seus demônios, sua cura ainda não estava completa. Após a morte de Jesus, ela recaiu em seu medo e desesperança e voltou a ser determinada por seus velhos padrões. Foi preciso dar meia-volta para se sentir novamente ligada às forças que ela tinha vivenciado como terapêuticas.

Esse voltar as costas para o que ela tinha perdido e caminhar na direção do que buscava dentro de si em termos de nova vida aconteceu junto à sepultura vazia. Ela deve ter reconhecido que sua vinda até a sepultura não é mais o caminho adequado para reencontrar seu amor e sua vitalidade.

Conta-se que, ao voltar as costas para a sepultura, viu Jesus parado ali. Ele lhe dirigiu a palavra e também lhe perguntou por que estava chorando e a quem procurava. Ela, porém, não o reconheceu e pensou que fosse o jardineiro. Portanto, ela lhe perguntou se ele havia levado o Jesus morto dali e onde o teria posto. Ela mandaria buscá-lo (Jo 20,11-15).

Maria Madalena dá meia-volta, mas ainda está em busca do sentido perdido para a sua vida. Pelo menos ela já se pôs em movimento para reencontrá-lo, pois abandonou sua reclusão no luto. Junto à sepultura, ela permite que os dois anjos lhe dirijam a palavra, retoma sua relação com os aspectos luminosos dentro dela e esse encontro lhe proporciona o impulso para dar o próximo passo: ela dá meia-volta, mas ainda não reconhece a nova vida, embora esta já esteja presente. É como se ela estivesse cega para isso por ainda estar em busca de algo passado. Ela ainda não consegue compreender que Jesus vem ao encontro dela em um patamar novo, em um estágio mais elevado da consciência de amor. Ela ainda não está conectada com esse estágio mais maduro e, por isso, não reconhece sua voz quando Ele pergunta por que ela chora e a quem procura. A pergunta que ela faz a Ele evidencia seu medo de não encontrar o que está procurando.

Nós também conhecemos esse medo. Justamente quando vivenciamos tempos difíceis, passamos por crises ou sofremos perdas, muitas vezes não conseguimos ver que rumamos para um novo estágio de maturidade. Temos ciência de que perdemos algo e vamos em busca disso, mas ainda não reconhecemos para onde isso nos levará. Nesses tempos, caminhamos de um lado para o outro, talvez nos voltemos para este ou aquele método de cura, possivelmente procuremos recuperar o que foi perdido nesta ou naquela pessoa. Muitas vezes não estamos centrados, mas confusos e nos vivenciamos impacientes, porque ainda não encontramos o que estamos buscando interiormente. Nessa fase, com frequência temos a sensação de que não temos raízes, mas que estamos sem sustentação.

Nessa situação, Jesus pergunta a Maria Madalena: "Quem você procura?" Com essa pergunta ele quis tirá-la de sua inquietude e transmitir-lhe a sensação de saber quem ela realmente estava procurando. No Cântico dos Cânticos do amor, uma canção poética anelante do Antigo Testamento, essa busca é respondida assim: "Procuro o meu amado". Como nós responderíamos à pergunta: "Quem você procura?"

> Certa mulher, depois que seu marido se suicidou, retirou-se totalmente do seu círculo de amizades. Ela não queria responder a perguntas nem ouvir as constantes palavras de pena nem sentir insinuações veladas de que ela poderia ter evitado o fato. Durante dois anos ela viveu nesse isolamento, até que voltou a sentir o anseio por contato com outras pessoas. À minha pergunta: "O que você procura?" ela respondeu: "Procuro comunhão".

"Procuro o meu amado" tinha significado para essa mulher que ela queria recuperar a parte de sua essência que se havia perdido em sua reclusão: a troca com outras pessoas, rir com elas, empreendimentos conjuntos. O que ela mais buscava era a alegria perdida. Esta era a parte mais importante de sua essência de que ela precisava nessa fase da vida.

Outras mulheres talvez respondam: "Procuro mais tempo de tranquilidade para mim"; "Procuro uma tarefa que me preencha"; "Procuro mais amor na minha relação"; "Procuro recuperar a confiança". Procuramos por aquilo que mais amamos naquele momento para estarmos conectadas conosco mesmas ou por aquilo que nos salvaria de determinada situação.

Maria Madalena ainda estava tão ocupada com seu medo de não encontrar o que estava buscando que não reconheceu quem estava parado diante dela. Ela não viu o próprio poder de cura que estava bem próximo dela. Foi seu medo que a confundiu e a levou a ver Jesus como o jardineiro. É de se supor que a sepultura estivesse em um jardim e por isso ela só viu o que podia esperar nessa situação. O jardineiro não tocou em nada sua alma. Ela ainda não estava pronta para coisas maiores, ela ainda pensava muito pequeno. Por essa razão, não conseguiu ver Jesus conscientemente. Ela ainda não confiava que do fundo dela mesma poderiam ressurgir a alegria e a felicidade.

Muitas vezes nós também só vemos o que esperamos e não o que está diante de nós. Depois de vivenciar frequentes decepções com pessoas, preparamo-nos interiormente para voltar a vivenciar essas decepções. Não abrimos a porta para novas experiências, embora estejam diante de nós. Não as percebemos porque não queremos vê-las. Talvez tenhamos esperado receber do parceiro ou das crianças determinados sinais de afeto. Se eles então não são exatamente como imaginamos, muitas vezes não percebemos os outros sinais de seu afeto, embora estejam presentes. Somos cegos para eles e não permitimos que nos toquem.

Quando passam por uma fase difícil após a morte do parceiro ou da separação, as mulheres geralmente não veem as pequenas alegrias, embora estejam presentes. Elas não as percebem e não permitem que elas as reanimem, porque só esperam a dor e o pesar.

Dar meia-volta e conhecer

Depois de ser confundido com o jardineiro, Jesus provocou em Maria Madalena mais uma reviravolta. Ele a chamou por seu nome: "Maria". Ao ouvir seu nome, ela se voltou para Ele e o reconheceu. Daí que, em contrapartida, ela o chamou da maneira que lhe era familiar: "*Rabuni* – meu mestre" (Jo 20,16). Ele era o mestre que a tornou capaz de viver e amar de maneira nova.

Foi um momento de encontro profundo e íntimo. O fato de ter sido chamada pelo nome reconectou-a instantaneamente com Jesus, com a consciência de quem ela era no âmago de sua essência. Ela estava novamente vinculada ao amor que julgava ter perdido, à sua confiança, ao seu poder de cura. Sua busca do passado cessou ali. Ela reconheceu que, naquele instante, tudo que havia voltou a viver de maneira nova. Por essa razão, ela pôde ver Jesus como o ressurreto: nela mesma havia ressurgido uma nova força. Pouco antes ela ainda estava enlutada e, de repente, já estava de novo cheia de vida e renovada no amor.

Percorremos os caminhos de nosso desenvolvimento interior do mesmo modo que Maria Madalena. Na primeira vez que deu meia-volta, ela ainda não foi capaz de conhecer tudo. Ainda não estava claro para onde exatamente ela queria ir. Nós também percorremos o nosso caminho em várias etapas e estamos familiarizados com o fato de que, na primeira meia-volta que damos, ainda não entendemos tudo. Talvez já saibamos o que não queremos mais, mas ainda não sabemos o que queremos em lugar daquilo. Procuramos aqui e ali e, ao fazer isso, nos sentimos pouco focados. Muitas vezes evitamos ver e seguir nossa verdade. É como se precisássemos, a exemplo de Maria Madalena, de um chamado amoroso que, ao mesmo tempo, nos desperte, nos dê um foco e deixe claro o que é decisivo para nós agora.

Às vezes uma pessoa familiar, bem próxima e junto de nós nos toca profundamente com uma palavra clara. Às vezes também somos tocados da mesma maneira por uma vivência ou um local, talvez um momento de silêncio. Nessa proximidade acontece algo. O que antes não estava claro para nós, repentinamente está diante de nós com toda clareza. Sentimo-nos centradas e totalmente focadas em nós. Só conseguiremos isso se estivermos prontas para ouvir o que é dito.

Nesse caso, não se trata tanto da faculdade exterior de ouvir, mas em geral de chegarmos ao ponto de ser ouvintes. Se estivermos muito irrequietas ou por demais apegadas a nossas sensações dolorosas, não conseguiremos ouvir o que poderia ser a nova vida em nós. Além disso, é preciso que haja momentos de tranquilidade, de pausa, para que se possa ouvir o íntimo. Isso pode se tornar um momento de encontro íntimo conosco mesmas. Conhecer-nos de maneira nova constitui uma experiência espiritual muito pessoal. Não há palavras para expressar isso, apenas a sensação de que naquele momento não existe nada além do próprio eu e a ligação com algo maior. É para esse maior que estamos abertas naquele instante. Às vezes, experimentamos esses momentos em determinados locais, nos quais nos sentimos interiormente em casa e que tocam dentro de nós algo que sempre esteve lá. Ou os experimentamos em períodos de necessidade, quando não conseguimos mais avançar com o saber de que dispomos e não temos mais nenhuma explicação. Então, quando de dentro do nosso âmago provém uma nova noção, trata-se de um momento especialmente tranquilo em nós. É um passo interior rumo à maturidade.

> Certa mulher reconheceu seu passo rumo à maturidade pelo retorno recebido de um co-

lega. Ela estivera incapacitada para o trabalho por vários meses devido a uma síndrome de *burnout* [estafa]. Durante sua enfermidade, frequentemente sentiu o impulso de renunciar ao seu emprego e começar algo totalmente novo. Porém, após o intervalo ditado pela doença, ela retornou ao mesmo local de trabalho. Algumas semanas depois disso, um bom colega e amigo lhe disse durante a pausa: "Você não é mais a mesma de antes. Você está aqui, mas ao mesmo tempo não está. Tenho a impressão de que a tua alma quer outra coisa. Por que você não se permite ir em busca disso?"

Podemos ignorar tais palavras ou nos deixar tocar por elas. Para essa mulher foi o chamado ao qual deu ouvidos. De repente ela soube com clareza o que queria fazer. Pelas palavras do seu colega ela encontrara a sua verdade. Porém, ela só foi capaz de entender suas palavras porque sentiu nelas o bem-querer do colega. Sua intenção foi amorosa. Ele foi capaz de vê-la e saber o que se passava dentro dela. Se não tivesse visto essa intenção amorosa, é de se supor que teria entendido suas palavras como crítica ou recebido as mesmas com desconfiança e imaginado se ele estava querendo se livrar dela na firma. Mas ela conseguiu entendê-las através do amor porque ela própria já começara a amar essa novidade dentro dela. Seu colega apenas a fortaleceu nisso.

A amiga que tinha perdido seu marido e seu filho em eventos trágicos ouviu, durante seu luto e seu desespero profundos, o chamado interior: "Eu devo escrever! Eu devo deixar fluir de dentro de mim todos os meus sentimentos e só poderei fazer isso por meio das minhas palavras". Ela escrevia com facilidade, sentiu-se focada e, no final dos seus textos, sempre havia o reconhecimento de que estava sendo sustentada. Ela descobriu que não tinha perdido tudo e que até tinha ganhado algo novo.

Ela só conseguiu chegar a essa expressão de vida nova porque já amava essa porção dela mesma. O que produziu esse amor à escrita foi seu sofrimento e seu anseio por cura.

Só desenvolveremos algo novo a partir de nós após tempos difíceis, após separação ou enfermidade, se amarmos essa novidade o suficiente para deixá-la viver.

Uma sábia mulher de 92 anos de idade deu-me uma resposta simples à minha pergunta referente a como ela tinha dado conta das enormes dificuldades que enfrentara em sua vida: "É preciso amar a vida. Então teremos a força".

Essa foi a força primeva de Maria Madalena, que a carregou em todos os passos do seu desenvolvimento. Ela constantemente foi capaz de pôr-se a caminho, procurar e encontrar o amor de maneira nova. A cada passo se consolidava seu conhecimento de como o amor é experimentado e de como ele atua. Ela precisou da imagem de Jesus como conscientização de sua capacidade de amar. Do mesmo modo que nós, ela vivenciou que amadurecer a esse ponto requer um processo vitalício e que nós só nos desenvolvemos a esse ponto por meio de relações. Não importando de que tipo são nossas relações, necessitamos um interlocutor para conhecer onde nos encontramos em nossa capacidade de amar e do que precisamos para continuar a nos desenvolver nela. Exatamente quando nossas relações são difíceis notamos nitidamente que precisamos dar um novo passo para não cair totalmente fora do amor, inclusive do amor por nós mesmas.

Permitir a transformação

Maria Madalena também precisou dar mais um passo em seu desenvolvimento quando Jesus lhe dirigiu a palavra. Ela voltou a se sentir totalmente conectada com o amor que tinha vivenciado antes da sua morte, mas ela ainda não conseguia saber que havia algo diferente de antes. Por meio dele, ela tinha reencontrado as forças que a tinham curado e era compreensível que quisesse segurá-lo, supostamente movida por gratidão, amor e felicidade. Mas quando ela tentou abraçá-lo, Jesus lhe disse: "Não me retenhas!" (Jo 20,17). Nós também carregamos dentro de nós essa frase como sabedoria interior, só que muitas vezes ainda não conseguimos percebê-lo.

É habitual estarmos em companhia de pessoas que nos compreendem em nossa essência e nos reposicionam no nosso centro sempre que o perdemos. Quando isso acontece, sentimo-nos de maneira nova. Gostaríamos de sentir mais de sua sabedoria e da força que nos dão. Necessitamos receber isso de outros só até que venha de dentro de nós mesmos.

A intenção da frase: "Não me retenhas" foi deixar Maria Madalena consciente de que algo novo havia ingressado em sua relação. Para continuar o seu caminho ela ainda necessitava do conhecimento de que o amor está em constante transformação e continua se desenvolvendo, mas jamais cessa de estar vivo na própria pessoa.

Contudo, quando são obrigadas a passar por uma separação, as mulheres não têm acesso à última parte dessa frase. Elas acham que perderam seu amor. Certa mulher que viveu duas vezes o processo de separação expressou isso nestes termos: "Não consigo mais amar". Ela se sentia ferida demais para buscar apoio na frase acima. A confiança no amor tinha se despedaçado, inclusive no amor por ela mesma. Quando uma mulher é abandonada, é raro que se sinta digna de ser amada. É preciso que passe um tempo de busca até que volte a sentir a confiança e a convicção de que o amor ainda está presente. Ele pode até ser diferente, mas na maioria das vezes é mais forte do que antes.

Conhecemos essas mudanças do amor na nossa vida e não é fácil aceitá-las. Depois que alguém no nosso entorno passou por uma via-crúcis, sentimos que ele não é mais a mesma pessoa. Experiências de sofrimento levam uma pessoa a refletir, a questionar e a buscar novas respostas. O período de sofrimento muda uma pessoa e, quando não percebemos isso, queremos continuar a vê-la como aquela que ela era antes.

Vivenciamos isso também em nós quando outros não querem ver nossos avanços, mas continuam a nos prensar dentro da imagem que têm de nós, anterior ao nosso novo estágio de maturidade. Elas não conseguem lidar bem com a nossa mudança porque também para elas isso significaria um desenvolvimento contra o qual resistem interiormente.

Na nossa intenção de reter, muitas vezes sentimos o conflito entre segurar e soltar. Muitas mães conhecem isso quando os filhos e as filhas querem se soltar e escolher os próprios caminhos. Elas sabem que, se isso acontecer, elas igualmente terão de avançar um passo e isso as deixa inseguras. Para começar, falta-lhes a vitalidade que vivenciaram com os filhos e as filhas. Pode demorar um tempo até que elas aceitem essa mudança e passem a se experimentar de maneira nova.

Quando casais passam por uma separação, na maioria das vezes, um transmite ao outro esta frase simbólica: "Não me retenhas". Quem ainda luta pela relação talvez chegue a ouvir a outra parte dizer essa frase em voz alta. É um processo doloroso aceitar essa mudança e soltar o outro. Aprender a amar a própria vida de maneira nova, mesmo sem parceiro, é um caminho que, no início, muitas vezes parece inviável. Ele só pode ser dado passo a passo, quando se acolhe em primeiro lugar todos os sentimentos que afloram após a separação, como, por exemplo, impotência e raiva, solidão, desespero e desejo de vingança. Eles precisam primeiro ser vividos até o fim, para que de dentro renasça o desejo de prosseguir. Isso se dá quando alguém reconhece que corre o risco de ficar paralisado nesses sentimentos. Pois é possível agarrar-se tanto tempo a eles até ficar interiormente ressequido e, em consequência, nada de novo pode vir de dentro da pessoa. Quando esse conhecimento se instala, chegou o momento de reorientar-se para a própria vida.

A frase "Não me retenhas" nos atinge em diferentes situações. Por exemplo, muitas vezes nos agarramos às imagens de como gostaríamos que nosso pai/ nossa mãe ou nossas crianças tivessem sido e, fazendo isso, não os liberamos. Então, nosso olhar vê constantemente sua limitação, pela qual os censuramos interiormente. Nós nos agarramos à imperfeição deles e, ao fazer isso, recusamos a nossa missão de desenvolver algo melhor a partir disso e de nós mesmos nos tornarmos um pouco mais completos.

"Não me retenhas" também pode significar não se agarrar a imagens equivocadas de si mesmo que apresentamos para fora. Às vezes pensamos que devemos seguir as imagens que são esperadas na sociedade, embora não combinem conosco.

Essa frase também pode significar não se ater ao olhar estreito que se tem do parceiro. Quando nosso pai ou nossa mãe nos infligiram certas mágoas, muitas vezes fazemos o parceiro prometer que não voltará a nos infligir tais mágoas. Nesse caso, "não me retenhas" pode significar: "Não o comprima dentro da velha imagem que você tem do seu pai e da sua mãe! Deixe-o livre disso!"

Trilhar um caminho próprio

Na narrativa bíblica, a frase: "Não me retenhas" também pode ter significado algo como: "Mostrei a você como o amor age e como você pode viver. Tudo já está em você. Agora siga seu caminho. Você pode viver por si mesma". Seria uma exortação para se tornar adulta. Uma exortação a não se agarrar a uma pessoa e só por meio dela se achar digna de amor e importante. Por exemplo, quando um parceiro detém uma posição social elevada e sua esposa obtém seu valor dessa posição, a frase pode ser uma exortação: "Viva pelas próprias forças. Você já tem tudo para isso".

A exortação para se tornar adulta também pode significar não continuar se apegando à autocomiseração, porque dela não surge nenhuma vida nova. Ela pode significar isto: "Olhe para frente e não para trás. Constitua agora a sua vida pelas próprias forças".

"Não me retenhas" significa para Maria Madalena tomar consciência de que seu amor pode se transformar, o que é antigo desaparece e não se repete, mas de que por meio dele também surge o novo. Seu percurso mostra que nós também vivenciamos, em nossas relações, o ciclo natural de procurar e achar, de vir a ser e fenecer e voltar a ser de maneira nova. Às vezes, as amizades se desfazem porque suas evoluções não se coadunam mais e então se desenvolvem novas ou o amor na relação parental desaparece até ser encontrado novamente no final da vida. O amor entre os parceiros pode acabar e pode também ser reanimado ou não. O decisivo é que ele não acabe em nós mesmas, mas possa desabrochar de outra maneira.

> Certa mulher contou que seu marido não conseguia acompanhar sua evolução e que ela sentia pouca proximidade dele. Ela achou que seu amor por ele tinha morrido. Porém, tratava-se de um sentimento triste para ela e ela não quis conviver com ele. Ela procurou e reencontrou seu sentimento de amor, sobretudo dentro dela mesma. Cada vez mais, ela conseguiu deixar seu marido ser como ele era e também a vê-lo de outra maneira, isto é, não principalmente por suas limitações. Ela voltou a vislumbrar o que ele aportava a seu modo para a relação, que seu apoio exterior e sua mera presença já eram muito valiosos para ela. Ela conseguiu dizer isso a ele. Perceber que ele se sentiu comovido com isso fez bem a ela mesma. O coração dessa mulher permanecera receptivo.

Há mulheres que não se contentam com isso, mas suportar alguém com suas limitações e acolhê-lo como ele é também pode constituir uma forma madura de amor. Isso pode dar certo quando conhecemos as próprias limitações e quando sabemos que tampouco somos a parceira ideal em tudo para o outro.

"Não me retenhas" ajudou Maria Madalena a reconhecer que Jesus seguirá o próprio caminho e que ela também deverá encontrar o seu caminho, no qual o amor permanecerá vivo nela de outra maneira. Podemos viver a partir dessa certeza e confiança quando alguma coisa se modifica em nossas relações ou quando temos de nos separar de alguém.

Quando nos despedimos de pai e mãe, crianças, irmãos e irmãs ou amigos e amigas por ocasião da morte, também vivenciamos que acaba a relação física que tínhamos até aquele momento, mas permanece a relação psíquica interior com eles. Ela se modifica, pode se tornar mais profunda, pode se tornar mais livre, mas não acaba. Ela permanece. Ela também permanece na medida em que nos conscientizamos do que foi o ponto forte, a peculiaridade dessa pessoa que apreciamos e de como podemos viver isso em nós mesmos. Ou nos lembramos da grande quantidade de pequenos sinais mediante os quais essa pessoa nos mostrou seu afeto. Por terem sido valiosos para nós, muitas vezes os transmitimos naturalmente a outras pessoas. Então a força dessa pessoa permanece em nós. Ela não desaparece, mas continua se desenvolvendo em nós. E, quando nós mesmos partirmos um dia, algo novo se desenvolverá nas pessoas ao nosso redor, porque é assim que transcorre a vida. Ao mesmo tempo que algo se extingue também começa algo novo.

Quando tomamos ciência de que temos de encontrar novamente o próprio caminho, necessitamos de um rumo para caminhar. Jesus ou a própria consciência indicaram a Maria Madalena para onde deveria ir.

Ela recebeu de Jesus a incumbência de levar ao mundo inteiro sua mensagem sobre o que faz o amor, como ele cura e reanima. Ele sabia que ela tinha vivido e sofrido intensamente todas as etapas do desenvolvimento e que tinha entendido tudo; Ele sabia que ela tinha experimentado em si mesma o efeito salutar e que agora estava pronta para transmiti-lo a outras pessoas.

Para nós hoje também é muito importante que tenha sido dada e confiada a ela, como mulher, essa missão de levar mais amor ao mundo. Até hoje esta é a nossa missão: transmitir mais amor, de modo que ele seja entendido e experimentado.

Tomar conhecimento da mensagem para a minha vida

Se assumirmos hoje para nós a missão de Maria Madalena, cada uma de nós terá uma mensagem para levar ao mundo, cada qual à sua maneira. Deve ser uma mensagem nossa, das mulheres, que comunica mais humanidade, que permite sentir mais cordialidade, para que algo novo se efetive no mundo. Exatamente nós, mulheres, com nossas capacidades empáticas, sociais, maternais e enérgicas seríamos as pessoas certas para impulsionar um movimento numa direção nova. E isso pode acontecer por meio de nós a cada dia, a cada hora, inclusive por meio de um modo mais amável de tratar a nós mesmas.

Nossa mensagem pode se tornar uma missão, uma paixão, mediante a qual nos empenhamos por algo que consideramos importante e que vale a pena repassar para outras pessoas.

Certa mulher identificou claramente sua mensagem. Na condição de criança e de jovem, ela havia sofrido com as palavras duras e depreciativas do seu pai e de sua mãe. Ela não sentia nenhuma valorização em suas palavras. Para ela estava claro que não queria submeter outras pessoas a tais palavras ofensivas. Sua mensagem era esta: "Quero dirigir palavras edificantes aos outros; quero transmitir-lhes consideração com as minhas palavras".

São justamente os ferimentos sofridos por nós que podem se converter em mensagem para nós. Não queremos passá-los adiante para os outros e, por essa razão, desenvolvemos a partir deles uma postura da qual flui mais amor. Então se torna verdadeira esta frase dita por certa mulher sábia: "Onde estiver seu ferimento estará também seu talento". Sendo assim, justamente nossa mágoa é o caminho para conhecer nosso talento e derivar daí nossa mensagem. Se focarmos nessa mensagem, a mágoa não terá mais importância para nós.

Por exemplo, uma mulher pode ter feito a experiência de não ter sido notada em sua relação com o pai e a mãe. Ela pode ter um parceiro que mais uma vez não a percebe. Nesse caso, o ferimento se mantém, a não ser que ela o transforme em seu talento: ela poderá perceber a si mesma e ao seu parceiro de maneira nova. Então sua mensagem seria: "Quero perceber as pessoas".

Em tratativas profissionais, certa mulher vivenciava constantemente métodos injustos, nos quais não foram dadas chances iguais

> para todos os participantes. Isso contradizia seu valor de justiça e a levou a dizer a seguinte frase decisiva: "Não quero viver em um mundo em que as pessoas são injustamente tratadas!" Sua mensagem é de justiça, de chances iguais para todos. A favor disso ela se empenha com paixão. Ela promove outras mulheres e as apoia para que tenham possibilidades iguais às dos homens. Sua visão de futuro é empenhar-se também por mulheres na África para possibilitar-lhes mais chances em sua vida.

Trata-se da mensagem de uma mulher que considera o valor "justiça para mulheres" como expressão de uma sociedade humana. Toda mulher pode se empenhar em seu papel de mãe, parceira, colega ou mulher politicamente engajada para que a justiça seja experimentada com mais intensidade. Somente quando tiverem a coragem de se levantar e exigir isso como direito fundamental, as mulheres poderão mudar algo.

Quando descobrirmos qual é a mensagem bem própria nossa, conheceremos o rumo em que queremos andar. Pode ser para nós um valor que queremos defender por nos parecer que fortalece a vida também pode ser uma imagem da liberdade que, a nosso ver, não está suficientemente realizada.

> Uma jovem mulher contou que há muito sua avó e sua mãe já não se falavam mais. O que quer que tenha sido o conflito entre ambas, essa jovem mulher não se deixa demover de

ligar regularmente para a sua avó e manter uma relação amigável com ela. Ela sabe que sua avó jamais ligaria para ela por sua iniciativa por estar muito centrada em si mesma. Outros poderiam dizer-lhe como reação normal a isso: "Se ela não ligar, você também não ligue para ela!" Porém, o pensamento dessa jovem mulher não é tão estreito. Ela quer por iniciativa própria manter o contato com sua avó por pertencer à sua família e por saber que a avó se alegra com isso. A mensagem dessa jovem mulher é esta: "O conflito dos outros não é o meu. Quero dar um aspecto pacífico às minhas relações. Farei isso à minha maneira".

Ela age da mesma forma com amigas que não se manifestam por iniciativa própria, mas ficam esperando sua ligação. Ela não pergunta por que, mas simplesmente faz o que seu coração lhe diz. E ela percebe que toca os outros com isso. É a sua maneira de se comportar cordialmente com os demais. Ao mesmo tempo, sua mensagem denota liberdade interior, porque ela segue exclusivamente o rumo ditado por seu coração. Ela não se comporta da forma costumeira, mas obedece ao seu senso de humanidade. Ela traz isso ao mundo em seu entorno.

O que nos ajuda a encontrar a própria mensagem é atentar para o que falta: onde falta cordialidade, onde falta liberdade, onde falta justiça? Onde faltar para nós também faltará para os demais. Ao ver isso, limitamo-nos a sofrer com o que falta ou transformamos em nossa missão pessoal suprir o que falta em nossas relações e incumbências profissionais?

> Duas jovens mulheres percebem que, em seu entorno mais próximo, ainda lhes falta a liberdade de serem aceitas com naturalidade vivendo sem parceiro e sem crianças. Elas até que gostariam de ter uma família, mas não aconteceu porque não encontraram um parceiro adequado. Elas mesmas conseguem aceitar isso, mas de seu entorno vêm constantemente as mesmas perguntas: "Você não quer mesmo casar e ter filhos?" A mensagem dessas mulheres é clara: "Deixem as mulheres decidir por si sós o caminho que querem tomar! Não as comprimam dentro de uma imagem de mulher que não pode servir para todas! Aceitem a equivalência de todo caminho escolhido!"

Quando a família ou a sociedade comprimem as mulheres dentro de imagens estreitas, falta-lhes não só a liberdade, mas também a humanidade. Pois quem acha que pode determinar o caminho que uma mulher tem de trilhar pensa a partir de uma posição de poder. No entanto, exercer poder sobre outros é o contrário de amar. Por essa razão, a mensagem das pessoas que se empenham pela autodeterminação das mulheres sempre é uma mensagem de amor, desde que elas próprias não assumam um papel de poder. Isso acontece quando algumas pessoas querem, por exemplo, ditar às mulheres como se comportar diante de homens. Elas são sumariamente julgadas quando permitem que um homem as ajude a vestir o casaco ou que abra a porta para elas. Toda mulher é totalmente livre para determinar isso para si mesma; ela não precisa se deixar determinar pelos juízos unilaterais de outras pessoas.

A mensagem em nossas relações

Que sinais enviamos às nossas relações mais próximas? Confrontamos nosso parceiro preponderantemente com críticas, de modo que ele fica enfraquecido, ou até com a acusação velada: "Você não pode me fazer feliz"? Qual é a nossa mensagem para ele? Essa mensagem significaria: "Não sou feliz". Nesse caso, a pergunta seguinte seria: "O que me faria feliz? E o que faz você feliz?" – pois eu com certeza também não o fiz feliz.

A maneira de lidar com isso depende de nós. Transmitimos ao outro isto: "O seu jeito de ser não está correto" ou isto: "Comigo você pode ser do jeito que você é"? Comunicamos para ele: "Você é importante para mim" ou "Não me interessa como você está. O que importa é que eu esteja bem"?

O movimento em uma nova direção é feito com cada passo que damos no nível micro. Desse modo participamos de tudo que há de novo no mundo. Não somos impotentes, somos responsáveis pelo que acontece aqui e agora através de nós.

Em busca de nossa mensagem podemos nos perguntar: "Como tocamos as pessoas próximas de nós? Elas conseguiriam identificar através de nós a mensagem de que o amor tem um efeito salutar? Ou elas não conseguem acreditar nisso devido ao nosso comportamento?"

Quando uma mulher mostra para a sua amiga que pode contar com ela tanto nos bons quanto nos maus momentos, ela a toca com esta confiança: "Há alguém com quem posso contar". Quem experimenta isso passa a acreditar que existem pessoas dignas de confiança.

Quando alguém reconhece que seu comportamento foi ofensivo e isso lhe é perdoado, essa pessoa se sente tocada pelo perdão. Alguém tira do outro o sentimento de culpa e tampouco o guarda consigo em forma de acusação. Em ambos se instaurará uma sensação de paz. Podemos tocar outros de muitas maneiras. Damos a conhecer nossa mensagem por meio dos pequenos sinais e pela escolha de nossas palavras.

E que mensagem transmitimos quando se trata de algo importante para nós? Lançamos um olhar de incerteza quanto a se cabe a nós querer tal coisa ou ousamos exigir algo para nós? Quando nós, como mulheres, trazemos interiormente a imagem de uma liberdade natural, transmitimos uma mensagem diferente do que quando acreditamos que essa liberdade não nos caberia. Nesse caso, aguardamos até que outros nos concedam essa liberdade. Se for assim, muitas vezes podemos ficar um bom tempo esperando. Permanecemos ao mesmo tempo dependentes e incapazes de agir. Isso acontece quando ainda não nos concedemos uma liberdade natural.

Podemos observar o que nós mesmas irradiamos quando, por exemplo, estamos presas em nossos mandamentos interiores. Que mensagem transmitimos no instante em que estamos atoladas no perfeccionismo? Transmitimos uma imagem de mulher que segue o seguinte impulso: "Você deve ser perfeita, senão não poderá subsistir neste mundo masculino, senão você não terá nenhum reconhecimento"?

Que alternativa teríamos? Uma variante mais branda não seria talvez a mensagem de não ver os próprios talentos a partir da perspectiva masculina, mas com um olhar de reconhecimento para as próprias capacidades e um olhar honesto para a limitação pessoal? O olhar para nós seria mais livre, se não fosse estreitado pela pressão de um "Você deve conseguir fazer isso!"

Nós, mulheres, transmitimos uma mensagem que associamos mais com liberdade ou mais com determinação alheia? Esta pergunta pode ser feita por toda mulher que queira identificar sua mensagem pessoal.

Quando uma amiga liga para mim e pergunta: "Você vem me visitar hoje à noite?" e eu não me animo a lhe dizer francamente que hoje eu prefiro passar uma noite tranquila em casa, então isso não indica liberdade. É de se supor que, nesse caso, os pensamentos giram em torno de o que a outra pessoa poderia pensar de mim. Ela poderia pensar que eu a estou deixando na mão porque ela hoje não está bem ou talvez pense que não sou uma amiga confiável.

Nesse caso, o que nos determina são pensamentos temerosos. Estes muitas vezes estão associados à consciência pesada. Ainda não se trata de pensamentos que provêm da liberdade natural de decidir as coisas relativas à necessidade pessoal.

Minha feminilidade – minha mensagem

O Jesus narrado nas histórias bíblicas representa a nossa consciência superior, o nosso conhecimento, a nossa inspiração espiritual de como se pode viver uma vida de amor. Essa inspiração só poderá nos pôr em movimento se a acolhermos e entendermos profundamente; aí poderemos exteriorizá-la e tocar outros com ela.

Quando Jesus deu a uma mulher, a Maria Madalena, a missão de levar ao mundo sua mensagem do amor supremo, Ele conferiu ao feminino o sentido de ser capaz de fazer isso; deu ao feminino a confiança para fazer isso.

Nós mesmas muitas vezes ainda não adquirimos confiança suficiente em nossa força feminina. Pois qual é a mensagem que de fato parte de nós, mulheres, quando se trata de nossa feminilidade? Irradiamos a mensagem de que nos sentimos totalmente satisfeitas com a nossa natureza feminina e que a consideramos equivalente à natureza masculina?

Em muitos âmbitos já fazemos isso – e, ao mesmo tempo, irradiamos incerteza. Quando em alguma sociedade a emotividade feminina é vista como fraqueza ou quando as qualidades prestativas são vistas como inferiores e não tão bem remuneradas, a ênfase no masculino ainda é muito forte. Isso pode tornar as mulheres inseguras a ponto de não confiarem suficientemente em suas qualidades femininas e não defenderam seus pontos fortes com autoconfiança.

Por exemplo, basta que um homem diga para uma mulher esta frase: "Você e suas emoções!" – para que a mulher fique insegura quanto a se, ao revelar suas emoções, teria talvez mostrado uma fraqueza. Ou ela se encontra envolvida em uma conversa profissional e escuta muitos argumentos racionais que até lhe parecem lógicos, mas aos quais falta uma perspectiva emocional. Se ela então aportar essa perspectiva, talvez tenha de ouvir esta frase: "Com argumentos emocionais não se consegue resolver nenhum problema!" Nessas situações, as mulheres muitas vezes se retraem, por não apreciarem a própria emotividade a ponto de contrapô-la como equivalente. Uma mulher segura de sua feminilidade poderia responder nesse caso: "Exclusivamente com argumentos racionais tampouco! É preciso somar a eles uma visão diferente, mais da ordem do sentimento".

As mulheres muitas vezes têm um faro para quando algo não é harmônico nas relações profissionais tanto quanto nas particulares. Porém, justamente na esfera profissional, com frequência elas acham que podem alcançar algo apenas com argumentos lógicos. Elas não confiam em sua força feminina, não confiam que sua sensibilidade para o que é harmônico e para o que não é possa propiciar um contrapeso salutar. Em vez de adaptar-se à racionalidade masculina e argumentar do mesmo modo, elas também poderiam expressar o que o seu sentimento diz, como, por exemplo: "Para mim há algo aqui que não se coaduna" ou "Não me sinto à vontade com isso e eu não gostaria de deixar por isso mesmo. Sinto que aqui ainda falta isso ou aquilo".

Muitas vezes não vemos o mais evidente, aquilo que foi dado a nós, mulheres, como nossa expressão natural. Com frequência nos orientamos na expressão masculina e achamos que devemos imitá-la. Precisamos de uma confiança nova em nossas qualidades femininas, pois com elas estamos destinadas a viver a expressão feminina da existência humana. Sem elas falta ao mundo algo fundamental: fortaleza humana e capacidade de amar na forma feminina.

Porém, tendo se orientado por muitos anos e muitas vezes forçosamente em modelos de vida masculinos, as mulheres com frequência já não sabem mais como definir sua feminilidade. Algumas descrições de feminilidade também lhes parecem muito rígidas e unilaterais. A imagem vigente de sociedade e influências religiosas contribuem essencialmente para deixar as mulheres inseguras quanto à sua feminilidade natural. Ainda hoje, em fontes digitais de informação, a expressão para "feminino" é posta em conceitos debilitadores.

Ser feminina não é uma questão unilateral; trata-se de uma profusão de expressões de vida que temos dentro de nós em partes iguais: apegar-se e delimitar-se, ser criativa e agir energicamente, ternura e firmeza, ser autônoma e oferecer comunhão.

A mensagem da feminilidade que transmitimos manifesta-se exteriormente em nosso corpo. Irradiamos nossa postura interior quando nos sentimos bem em nossa natureza feminina ou quando a mantemos encoberta? Quando gostamos de nós nessa condição, provém de nós uma naturalidade que exterioriza nossa alegria por termos um corpo feminino e sermos mulheres. Nesse caso, somos belas de todas as formas porque estamos de acordo conosco mesmas.

> Certa mulher de mais idade da Áustria, que carrega dentro de si a força de uma mulher selvagem, contou-me que, em seu amplo jardim tomado pela vegetação cerrada, várias árvores tiveram de ser derrubadas por estarem comprometidas. Ela teve enorme dificuldade para aceitar essa derrubada. Depois que os jardineiros terminaram seu trabalho, ela se sentou no meio da terra revolvida para sentir o efeito da ausência das árvores. Seu coração

estava pesado e de repente emergiu do seu íntimo esta frase: "Preciso de uma cerveja". Ela não costumava beber cerveja, mas nessa situação isso lhe pareceu confortante. Porém, a cerveja tampouco a aliviou; ela disse: "Preciso de outra coisa". Espontaneamente ela foi até a casa e tirou seu vestido de gala do armário, o qual ela não usara faz muito tempo. Com toda calma ela se maquiou diante do espelho, algo que de resto fazia pouco. Com seu vestido de gala e bem maquiada, ela se sentou entre os montes de terra e, dessa vez, sentiu-se bem. Os olhares admirados das outras pessoas não a perturbaram; nesse momento, ela estava bem consigo mesma. Ela contrapôs sua beleza à inevitabilidade da destruição.

A feminilidade natural pode assumir essa expressão. Ela provém exclusivamente do íntimo e da harmonia da mulher consigo mesma.

Perspectiva

Se entendermos o destino de Maria Madalena como nossa missão atual, saberemos o que fazer dali por diante: ajudar a constituir ao jeito feminino um mundo mais humano e mais amável. Nesse caso, a primeira pergunta que temos de nos fazer é em que medida expressamos essa amabilidade em relação a nós mesmas. Para que ainda precisamos a insensibilidade da nossa autocondenação ou o rigor de nossa postura do "eu devo"? Se formos honestas, não precisaremos deles para nada. Pois não nos sentimos bem com isso. Nem é possível que nos sintamos, pois essas coisas não aquecem nosso coração. Logo, não há nenhuma razão para continuar vivendo assim. Se gostamos de ser tratadas com amabilidade pelos outros, por que não por nós mesmas? Seria absurdo fazer a nós mesmas algo que não nos faz bem. Seria igualmente absurdo tratar-nos com frieza e rejeição se pudéssemos nos tratar com cordialidade e aceitação.

A liberdade que Maria Madalena ganhou após sua cura permitiu que ela seguisse autonomamente seu caminho como mulher também em um mundo de cunho extremamente masculino. Para nós, essa liberdade significa agir ainda mais a partir da autoconsciência da força feminina, ser autônomas e decidir o que é certo para nós como mulheres, contrariando todas as imagens alheias de feminilidade. Isso também significa que não vamos ficar o tempo todo explicando por que fazemos isso ou aquilo, mas que vamos decidir por nós mesmas agir assim: "Faço isso porque me amo".

Essa liberdade nos torna capazes de perceber o comportamento insensível de outras pessoas, mas não permite que nos enredemos nele. Podemos estar ao lado de uma pessoa e ficar tristes porque ela ainda não consegue ser amorosa, mas nós mesmas podemos continuar sendo amorosas. Assim mantemos nosso poder. Não resvalamos para a esfera de poder da outra pessoa, para dentro de sua falta de amor. Ficamos em pé e decidimos por nós mesmas pensar e agir de tal maneira que a sensação seja de amor.

O encontro de Maria Madalena com Jesus também significa que ela foi capaz de conhecer a verdade. Não se tratou da verdade que lhe foi comunicada de fora, mas a verdade que lhe era bem própria sobre si mesma e sobre o que significava exclusivamente para ela estar viva e amar.

Viver de acordo com a própria verdade sempre liberta uma mulher interiormente. Para nós hoje isso significa não assumir simplesmente as assim chamadas verdades que nos são transmitidas pela sociedade ou pelas religiões sobre a imagem do ser mulher. Precisamos questioná-las e verificar se condizem com a nossa verdade íntima. As verdades hoje supostamente válidas sobre ser mãe, desempenho, sexualidade ou beleza não são necessariamente condizentes com a nossa verdade. Muitas vezes nossa realidade é outra. Por isso, necessitamos de coragem para viver ainda mais de acordo com o que identificamos dentro de nós como verdadeiro, e também para dar nome a isso.

Em situações empacadas, nas quais não se percebe mais nenhum movimento, precisamos ter a coragem de dar meia-volta. Nós, mulheres, somos dinâmicas; podemos dar as costas a discussões estéreis e não continuar dirigindo nosso olhar para o que falta, mas voltá-lo para o que é bom. Perguntar: "O que seria bom para nós agora?" traria uma nova perspectiva e uma solução diferente poderia ser vislumbrada.

A imagem de mulher encarnada por Maria Madalena é o arquétipo da luz. A luz é percebida justamente na escuridão. Por isso, em tempos trevosos, o fato de nossa expressão feminina de humanidade brilhar como luz é um indicador do caminho a seguir.

Uma de nossas luzes mais intensas, que temos em forma de amor dentro de nós, é nossa capacidade de sentir mais profundamente empatia e emotividade. Quando conseguimos ter empatia com outra pessoa, não causamos dor a ela conscientemente. Não o faremos porque sentimos com ela como é padecer a dor. Não passar nossa dor adiante por senti-la com a outra pessoa é uma luz. Tendo essa luz, não faremos nenhuma guerra.

Tendo empatia, não exercemos poder conscientemente sobre outra pessoa por que sentiremos com ela o que sente uma pessoa inferior. Viver uma relação respeitosa e equivalente é uma luz.

Tendo empatia, não sobrecarregaremos outras mulheres com o nosso ressentimento, porque sentimos com elas o efeito da inveja e da rivalidade. Respeitar as mulheres como diferentes é uma luz.

Outra de nossas luzes mais brilhantes é que somos capazes de gerar nova vida – e isto em vários aspectos. Uma mulher pode dar vida não só fisicamente, mas pode fazê-lo também em numerosos outros aspectos: por meio de palavras, da criatividade, da espiritualidade, do trabalho manual, da riqueza de ideias. Tem o efeito de uma lufada de ar fresco quando uma mulher faz algo totalmente incomum movida pela alegria que brota de sua espontaneidade, quando ela diz uma palavra cordial para sua colega ressentida, quando ela descontrai uma situação empacada dizendo algo engraçado, quando ela fala uma verdade que ninguém tinha coragem de dizer. Imediatamente há nova vida. Nós podemos despertar vida nova aqui e agora em nós e em nosso próximo. Esse salto para algo novo é um prorrompimento, uma ressurreição.

No futuro também faremos o mesmo percurso feito por Maria Madalena até o ser propriamente feminino: no início ela era determinada por outros e estava enferma, sentiu-se curada por meio do amor, recaiu nos velhos padrões, levantou-se outra vez e partiu de novo para encontrar o que procurava. Ela vivenciou morte e luto, sentiu-se angustiada e confusa, mas continuou em busca do amor e o encontrou. Ela o encontrou de maneira nova, numa forma mais madura e mais livre do que antes. Tudo que ela passou na vida redundou em ganho. Ela foi iniciada em todos os passos que levam ao amor e até a expressão máxima desse amor. Assim ela se tornou guia espiritual para o modo como o amor se torna efetivo e cura. Ela encontrou o sentido de sua vida em ter desenvolvido ao máximo seu potencial: ser como mulher uma pessoa livre e que ama. Para isso ela precisou da unidade com a força masculina para poder viver de modo integral.

Nós também precisamos dessas forças conjugadas em nós para não só sentir, mas também agir, não só aguentar, mas também mudar alguma coisa, não só ser vagas em nossas manifestações, mas ser claras e diretas e não só executar o que nos é concedido fazer, mas também decidir por nós mesmas o que queremos fazer.

Precisamos de um olhar renovado para nós mesmas, com o qual influenciemos nosso pensamento e nosso comportamento. Onde até agora olhamos com demasiado rigor para nós mesmas, nosso olhar renovado pode ser mais bondoso. Onde não olhamos para nós de modo valorizador, podemos olhar agora com mais autoconfiança. Assim podemos exercer mais influência do que muitas vezes pensamos. Podemos influenciar o quanto permitimos e quando interferimos. Podemos influenciar o cultivo das conversas que temos na família ou na profissão. Podemos influenciar estados de ânimo por meio de novos pontos de vista.

Conseguiremos isso tanto melhor quanto mais gostarmos de nós mesmas como mulheres e nos tratarmos bem em todas as nossas expressões. Cada uma de nós já tem dentro de si o amor e a liberdade para isso. A partir dessa liberdade também podemos dizer com toda cordialidade: "Amo a mulher que sou".

> Por ocasião de seu aniversário de 70 anos, certa mulher expressou isso assim: "Minha vida foi um grande, belo e doloroso processo de cura e aprendizagem rumo a mim mesma, rumo a uma dimensão nova, feminina, grandiosa da minha existência humana. Sempre tentei viver a minha veracidade, o que não foi fácil e até hoje requer muita coragem e clareza interior. Até hoje o amar e soltar determinam a minha vida. Minhas raízes femininas como mulher amada e mãe são incrivelmente fortes. Percebo a intensa interação entre o meu desenvolvimento sexual e espiritual como mulher. Nos últimos dez anos, cada vez mais me experimento como pessoa principal de minha vida, capaz de amar e aceitar a mim mesma e aos outros do fundo do coração. Esse conhecimento me torna livre, feliz e infinitamente grata. Hoje posso dizer com muita convicção: eu sou eu, e isso é maravilhoso!"

Posfácio

Nós, mulheres, conhecemos todos os diferentes âmbitos em que ainda não vivemos nosso potencial feminino com a intensidade que nos é inerente. Mas existe esse anseio, e com este livro quero contribuir para que nada nos desvie nem nos distraia de continuar dando passos nessa direção.

Nesse intuito, a coisa mais imediata a fazer, na minha opinião, é que nos tratemos de modo mais brando e amável do que muitas vezes fazemos. Assim, nos libertamos das imagens estreitas e nos tornamos mais ternas e cordiais com outras pessoas. Desse modo, colocamos ênfases novas.

Em relação ao tema que escolhi me ocorreu espontaneamente Maria Madalena, que expressa uma imagem forte do devir feminino e da capacidade de amar.

Estou ciente de que não é toda mulher que consegue tirar proveito dessa imagem de Maria Madalena. Ainda assim a escolhi porque a narrativa bíblica sobre as pessoas em questão já faz parte de nós como experiência de validade perene. É como um saber interior que temos dentro de nós, que, todavia, necessita de imagens e palavras para ser compreendido.

Toda mulher tenta entender esse caminho à sua maneira e por meio de suas experiências. Uma coisa é igual para nós todas nesse processo: ansiamos por poder amar com mais intensidade e, desse modo, também viver melhor. Queremos estar vinculadas a esse poder supremo e passá-lo adiante como energia vital.

Esse é meu propósito com este livro. Foi um desafio muito grande vincular Maria Madalena com a vida das mulheres atuais de tal maneira que seu percurso pudesse ser entendido como orientação para nós. Há muito tempo uma amiga já vinha me encorajando e inspirando com suas ideias a escrever este livro. Ao mesmo tempo, ela me surpreendeu ao contar que teria adquirido para si um diário de Maria Madalena, no qual ela anota suas sensações. Espontaneamente assumi essa prática, e ao escrever sempre tive em mente como Maria Madalena, como mulher sábia e amorosa, veria a minha vivência. Eu quis me manter dentro de sua energia. Isso me fez ver de maneira nova a minha vida e o amor.

Agradeço a todas as mulheres que, em muitos diálogos, ajudaram-me a obter conhecimentos importantes que possibilitaram acolher também as suas experiências; e sou grata a todas que me inspiraram e apoiaram. No final do livro ainda acolhi a inspiração de uma mulher que me estimulou a celebrar com muita alegria a conclusão deste livro. Farei isso. Um vestido vermelho e sapatos vermelhos já estão preparados, um champanhe já está à minha espera e talvez até uma dança animada com meu marido.

Bibliografia para se aprofundar no tema

DREWERMANN, E. *Die Botschaft der Frauen*. Munique, 1997.

LELOUP, J.-Y. *Das Evangelium der Maria*. Munique, 2004.

RENZ, M. *Der Mystiker aus Nazareth*. Friburgo i. Br., 2013.

RUSCHMANN, S. *Maria von Magdala*. Stuttgart, 2003.

Conecte-se conosco:

 facebook.com/editoravozes

 @editoravozes

 @editora_vozes

 youtube.com/editoravozes

 +55 24 2233-9033

www.vozes.com.br

Conheça nossas lojas:

www.livrariavozes.com.br

Belo Horizonte – Brasília – Campinas – Cuiabá – Curitiba
Fortaleza – Juiz de Fora – Petrópolis – Recife – São Paulo

  Vozes de Bolso

EDITORA VOZES LTDA.
Rua Frei Luís, 100 – Centro – Cep 25689-900 – Petrópolis, RJ
Tel.: (24) 2233-9000 – E-mail: vendas@vozes.com.br